Estudos de
Direito Civil – Constitucional

Volume 1

0499

T966s Tutikian, Cristiano
    Sistema e codificação: o Código Civil e as cláusulas gerais / Cristiano Tutikian. O contrato em perspectiva principiológica: novos paradigmas da teoria contratual / Rafael Wainstein Zinn. – Porto Alegre: Livraria do Advogado Editora, 2004.
    144p.; 14x21cm. – (Estudos de Direito Civil-Constitucional / org. Ricardo Aronne; v.1)
    ISBN 85-7348-306-7

    1. Direito Civil. 2. Codificação. 3. Contrato. I. Zinn, Rafael Wainstein. O contrato em perspectiva principiológica. II. Título. III. Título: O contrato em perspectiva principiológica.

CDU – 347

Índices para o catálogo sistemático
Direito Civil
Codificação
Contrato

(Bibliotecária responsável: Marta Roberto, CRB-10/652)

Estudos de
Direito Civil – Constitucional
Volume 1

Ricardo Aronne
ORGANIZADOR

CRISTIANO TUTIKIAN
Sistema e Codificação
O Código Civil e as Cláusulas Gerais

RAFAEL WAINSTEIN ZINN
O Contrato em Perspectiva Principiológica
Novos Paradigmas da Teoria Contratual

livraria
DO ADVOGADO
editora

Porto Alegre 2004

©
Cristiano Tutikian
Rafael Wainstein Zinn
2004

Projeto gráfico e composição
Livraria do Advogado Editora

Pintura da Capa
Salvador Dalí - Imagem de Dalí Art Museum

Revisão
Rosane Marques Borba

Direitos desta edição reservados por
Livraria do Advogado Editora Ltda.
Rua Riachuelo, 1338
90010-273 Porto Alegre RS
Telefax: 0800-51-7522
livraria@doadvogado.com.br
www.doadvogado.com.br

Impresso no Brasil / Printed in Brazil

Ao professor Doutor Ricardo Aronne, por generosamente compartilhar sua sabedoria, provendo este trabalho não somente com incentivo e confiança, mas, essencialmente, com o lume do verdadeiro Direito contemporâneo.

À minha noiva Priscila, pelo exemplo de que todos os objetivos, incansavelmente perseguidos, podem ser alcançados.

Aos meus avós, Seu Fraga e Dona Dora, pela marcante presença em minha vida.
Aos meus pais, Edemar e Jane, pelo apoio incondicional.

Cristiano Tutikian

Aos meus pais, Francis e Peri, que não mediram esforços para que eu realizasse meus sonhos, sempre me proporcionando apoio e segurança.

À minha namorada, Michelle Fonseca da Rosa, pela dedicação e compreensão demonstrada.

À minha família, pelo incentivo e constante zelo.
Aos meus colegas de escritório na Palhares Advogados Associados S/C, pela solidariedade e auxílio nos momentos difíceis.

Ao Professor Ricardo Aronne, pela sua preciosa e incentivadora orientação.

Rafael Wainstein Zinn

Prefácio

A coletânea que ora tenho a honra e o privilégio de prefaciar inaugura um benfazejo ciclo de publicações que revela o quanto o fenômeno da constitucionalização da ordem jurídica, aqui sob o enfoque mais restrito da influência da Constituição sobre o Direito Civil, está longe de esgotar as suas múltiplas possibilidades. Não é à toa que o idealizador e mestre desta empreitada acadêmica, Prof. Dr. Ricardo Aronne, é hoje um dos mais expressivos representantes da nova geração de juristas que, na esteira da luminosa trajetória inaugurada entre nós por autores do porte de um Luiz Edson Fachin, Gustavo Tepedino e Maria Celina Bodin de Morais, está consolidando as bases de um "Direito Civil-Constitucional" genuinamente brasileiro, afinado com os valores fundamentais da nossa ordem jurídica. Com efeito, convém sinalar que, salvo honrosas exceções, não foram os constitucionalistas que, mesmo já promulgada a Constituição Federal de 1988, patrocinaram o "redescobrimento" do papel central exercido pelo Direito Constitucional no âmbito do sistema jurídico, notadamente no que concerne à sistemática releitura da normativa infraconstitucional à luz dos princípios e regras superiores da Constituição. Felizmente, hoje – seja em virtude do esforço criativo e bem-sucedido de todo um significativo grupo de autores, seja em decorrência de uma notável evolução na esfera jurisprudencial – já se pode assumir como certa a circunstância – apontada com lucidez e perspicácia por Luiz Edson Fachin – de que com a habitualmente assim designada "constitucionalização do direito privado", operou-se uma autêntica "virada de Copérnico".

O permanente diálogo que – como bem demonstrou Hesse – nutre as relações dialéticas e dinâmicas que se estabelecem entre a Constituição e o Direito Civil (assim como com os demais subsistemas da ordem jurídica) sai enriquecido com mais esta iniciativa do ilustre colega e amigo Ricardo Aronne, cuja fecunda trajetória intelectual por si só já recomenda a obra, que reúne ensaios da lavra de Cristiano Tutikian (*Sistema e Codificação* – O Código Civil e as Cláusulas Gerais) e Rafael Wainstein Zinn (*O Contrato em Perspectiva Principiológica* – Novos Paradigmas da Teoria Contratual). Para além da qualidade intrínseca dos textos, considerando especialmente a juventude dos seus autores, desponta a vocação do Organizador para a investigação científica comprometida com um humanismo inclusivo e pautado pela igual dignidade (em direitos e no Direito) de todas as pessoas. De outra parte, merecedor dos mais efusivos elogios, o desprendimento sincero do Organizador em propiciar este espaço qualificado e estimulante aos que recém estão a dar os primeiros passos de sua trajetória acadêmica e que tiveram a ventura em ter o Professor Doutor Ricardo Aronne como orientador altamente qualificado, não apenas pelo seu reconhecido conhecimento da matéria, mas acima de tudo pelos seus méritos inegáveis como um interlocutor franco, sensível, criativo e sereno, que – sem descurar da qualidade e do rigor científico dos trabalhos – está sempre aberto a novos pontos de vista, revelando o quanto a identidade da ordem jurídica (e da própria Constituição) encontra-se em permanente processo de construção e reconstrução.

Por todo o exposto, o que aqui se almeja é que a obra encontre boa acolhida entre a comunidade de leitores, especialmente por aqueles positivamente comprometidos com a difícil tarefa de concretizar, de modo coerente e constitucionalmente adequado, os valores basilares da nossa ordem jurídica.

Porto Alegre, abril de 2004.

Prof. Dr. Ingo Wolfgang Sarlet

Sumário

Apresentação - Ricado Aronne (org.)
Por um Direito Civil-Constitucional 11

I. Sistema e Codificação - O Código Civil e as Cláusulas Gerais . 17
1. Introdução 19
2. Sistema aberto e o novo Código Civil 23
3. Normatividade principiológica: a interpretação
   conforme a Constituição 32
4. A Hermenêutica dos Direitos Fundamentais e o
   Direito Privado 41
5. Superação dos microssistemas e da necessidade de uma
   codificação centralizadora de Direito Privado 63
6. Conclusões 78

Referências bibliográficas 80

**II. O Contrato em Perspectiva Principiológica - Novos Paradigmas
da Teoria Contratual** 85
1. Introdução 87
2. As relações contratuais e a sociedade 89
3. A evolução do contrato e a boa-fé 108
4. Função social e contrato 130
5. Conclusão 140

Referências Bibliográficas 142

Apresentação

Por um Direito Civil-Constitucional

Quando o Direito conseguiu transpor as portas do misoteísmo, alçando sua vista para além do horizonte farisaico da dogmática oitocentista que o desenhou (ou desdenhou) na modernidade, encontrou uma sociedade ferida por tão prolongado abandono.

Reorientado pelo princípio da dignidade humana e devidamente alinhado ao compromisso constitucional de construção de uma sociedade igualitária, justa e fraterna, uma mutação se pôs em curso, desencadeando um Direito Civil renovado, cuja mobilidade é a única certeza, à qual pode garantir um mínimo de instrumentalidade.

Um olhar investigativo sobre as relações interprivadas, dos projetos parentais ao trânsito jurídico, das titularidades ao biodireito, implica uma serena superposição de objetos de estudo, que oscila entre o patrimônio e o sujeito.

Em ambiente ductil, onde ator se confunde com cenário, e tema transforma-se em fio condutor, não existem obviedades ou neutralidades. Distinções nascem do criar diferenças e isso gera desigualdades, que não raro traduzem-se em dominação (*ex vi dominium*). No arco histórico que parte do apogeu do Direito Romano para alcançar a Revolução Francesa - útero do Direito Civil

Clássico -, ou seja, do olhar do *pater familias* para o comerciante burguês, tanto a dicotomia entre *ius civile* e *ius gentium*, quanto a distinção entre Direito Público e Direito Privado, são exemplos que bem circunstanciam e denunciam a primeva assertiva.

Uma monocompreensão dogmática do fenômeno jurídico privado há de ser prismada para revelar os múltiplos fatores que a compõem, publicizando o tradicionalmente apontado fenômeno privado, pluralizando os multifacetários atores sociais e democratizando o acesso ao reservado mundo do Direito Civil. Este é o compromisso que a presente coleção esgrime.

A coleção Estudos de Direito Civil-Constitucional é fruto do profícuo esforço científico de um grupo de estudos interinstitucional, organizado em 1997 com alunos e pesquisadores da PUCRS, voltado para o estudo do Direito Civil contemporâneo, na esteira do projeto Virada de Copérnico, organizado pelo Prof. Dr. Luiz Edson Fachin, cuja contribuição para a compreensão deste novo Direito Civil que se desenha e redesenha, diante da realidade social e do núcleo da axiologia constitucional, é ímpar.

Nasce, pois, este veículo científico do Projeto de Pesquisa Prismas, para proceder à interlocução entre o clássico e o contemporâneo, bem como com os grupos que se irmanam ao presente projeto, respectivamente o Perfis (UERJ) e Diálogos (UFPR), cuja identidade das linhas de pesquisa ubica o desejo de construir um Direito Civil apto a não ser privado de sua essência: o homem.

Neste horizonte de "repersonalização" e "publicização" do Direito Privado, os três pilares do Direito Civil clássico, as titularidades, o trânsito jurídico e os projetos parentais, não encerram o desafio das relações interprivadas, cujo rol de personagens há de ser plural, a exemplo da sociedade à que se destina, concretizando um Estado Social, nos moldes da teleologia constitucional que alicerçou a tecitura jurídica a partir de 1988 e conforme já denunciado por autores do porte de Pietro Perlingieri, Vito Rizzo, Gustavo Tepedino, Antonio Carlos Gediel, Maria Celina Bodin de Moraes, Paulo Netto Lôbo, Paulo Nalin, Cristina Zamberlam, Heloisa Helena Barbosa, Ricardo Lira Filho, Maria Cristina de Cicco e Rosana Fachin, entre muitos que podiam e deviam ser citados.

Os afazeres epistemológicos, na presente coleção, levada a público pela Livraria do Advogado, têm seu núcleo comum identificado, não perdendo sentido com o passar dos anos. Há de se tratar de um Direito Civil-Constitucional, visto até hoje granjear, no cenário doutrinário, produções ubicadas na racionalidade oitocentista, de muito desafiada e vencida na pós-modernidade.

Ainda que se proclame não existir Direito fora do escopo constitucional, vasta parte da doutrina brasileira - principalmente a manualística -, se preserva conceitualista, formal e abstrata, sem qualquer compromisso com a realidade social ou mesmo jurisprudencial, insistindo em identificar o próprio Direito Civil com o Código Civil.

Sinal do que ora se explicita, assenta-se no fato de asseverar-se com o advento do, falaciosamente novo, Código Civil Brasileiro, a re-unificação (termo melhor seria reificação) do Direito Privado. Tal questão, além de remontar a dicotomia Público *versus* Privado, é falaciosa, guardando um discurso conservador e conservacionista travestido de inovação.

Importa prosseguir a reflexão iniciada a partir do que é doutrinariamente apontado como o fenômeno da "constitucionalização" do Direito Civil, em sentido não meramente passivo, descritivo e acrítico. Sem dúvida, esta não pode ser a postura indicada ao jurista, em um panorama constitucional que não mais privilegia o *status quo*; tão caro ao Direito Civil forjado na Revolução

Francesa após ter sido embalado nos braços burgueses do jusracionalismo.

Não somente os temas centrais do Direito Civil tradicional haverão de ocupar os volumes que hão de compor este projeto. Plural, como a sociedade contemporânea, haverá de ser articulada a interlocução, sem compromisso com a dogmática em esclerose, mas sem queimar as pontes que nos trouxeram até aqui ou ignorando o asfalto que pavimenta nosso percurso.

Empresa, codificação, titularidades, normatividade, família, teoria geral, trânsito jurídico, espaços públicos compartilhados, biodireito, meio ambiente, enfim, toda a complexidade da sociedade pós-moderna e seus liames interpessoais, há de ser compreendida dentro da linha de pesquisa que nucleia a temática civil-constitucional, que envolve hodiernamente a vida em sociedade.

Funda-se, pois, na epistemologia da pós-modernidade, reconhecendo o pensamento tópico-sistemático, nos moldes formulados por Juarez Freitas e Canaris, como lente apta a desvendar teleologicamente a axiologia da tecitura aberta da matéria-prima jurídica, a normatividade, sem soçobrar no positivismo herdado do século XIX.

Assim, o projeto Prismas é formado por uma "comunidade de intérpretes" (Habermas), alijados do conformismo dogmático ou do ceticismo acéptico, com vistas a repor o homem como sujeito de sua própria história, não se há de abrir mão da interdisciplinariedade. Os conhecimentos hão de ser vertidos de modo dialético, pois o Direito não pode e não deve ser compreendido a partir de si mesmo. Filosofia, História, Sociologia, Psicanálise, Economia, Educação, Geografia, Ciência Política, Medicina, entre outras, são ciências das quais o jurista não pode abrir mão.

O toreador de Dalí, escolhido como arauto dos textos, não comparece apenas por razões de ordem plástica. Criada em 1968, observa-se a mutação da divindade, representada pela Vênus de Milo, e sua lágrima pelo animal ferido, o Touro de Gala. Evoca a invasão francesa à Catalúnia e seus sinais presentes. A temática possui uma mesma cidadania epistemológica que denuncia certa quadra, ainda que não exata, de valores.

A constitucionalização do Direito Civil trouxe uma nova racionalidade; estranha ao civilista tradicional, idólotra das fórmulas codificadas. O dado, com isso, perde espaço perante o construído. Este último não se legitima mais pelo processo que o valida, legitima-se pela axiologia que prepondera na inflexão principiológica.

Compreender, reconstruir, desenvolver essa racionalidade é o desafio do civilista que desperta para o milênio que abre. Conforme Michel Serres, esta é a nossa travessia; este é o nosso modo de exposição. Este é o desafio dos *Estudos de Direito Civil – Constitucional*, em parceria com a Livraria do Advogado Editora.

Prof. Dr. Ricardo Aronne
(Organizador)
Coordenador do Grupo de Pesquisa Prismas
Professor e Orientador de Direito Civil dos Cursos
de Graduação e Pós-Graduação da PUCRS

I

Sistema e Codificação
O Código Civil e as
Cláusulas Gerais

CRISTIANO TUTIKIAN

1. Introdução

A previsão de cláusulas gerais no texto do novo Código Civil é apontada como a maior renovação do sistema de Direito Privado,[1] por possibilitar a inserção de modelos valorativos, éticos e metajurídicos nos limites do sistema positivado da codificação. No entanto, essa relativa abertura sistemática não se mostra suficiente à realização dos ideais de justiça oriundos da própria instrumentalidade do Direito.[2] Em perspectiva tópico-sistemática, o sistema é geneticamente aberto, de estrutura dialética, dialógica e plural, conferindo maior efetividade ao Direito, em detrimento da dogmática da completude codicista.[3]

---

[1] Judith Martins-Costa ("O Direito Privado como um Sistema em Construção: as Cláusulas Gerais no Projeto do Código Civil Brasileiro". *Revista Informação Legislativa n. 139*, Brasília, jul/set 1998) afirma ser apto aos nossos tempos o modelo de codificação adotado, ressaltando a abertura sistemática patrocinada pelas cláusulas gerais: "Por isso a necessidade de um Código que, estruturado como um sistema aberto, alie aos modelos cerrados que necessariamente há de conter as janelas representadas pelas cláusulas gerais".

[2] Robert Alexy. "Direitos Fundamentais no Estado Constitucional Democrático – para a relação entre direitos do homem, direitos fundamentais, democracia e jurisdição constitucional". Trad. Luís Afonso Heck. *Revista da Faculdade de Direito da UFRGS vol. 16*, Porto Alegre, 1999: "Constituições modernas dão aos direitos fundamentais em geral, por conseguinte, a força de concretização suprema e quando elas não o fazem deveriam ou ser interpretadas neste sentido ou, quando isso não fosse possível, modificadas".

[3] Gustavo Tepedino. *Temas de Direito Civil*. 3ª ed. rev. e amp. Rio de Janeiro: Renovar, 2001, p. 13: "De modo que, reconhecendo embora a existência dos mencionados universos legislativos setoriais, é de se buscar a unidade do sistema, deslocando para a tábua axiológica da Constituição da República o ponto de referência antes localizado no Código Civil".

Impõe-se, portanto, o reconhecimento da diferenciação normativa entre princípios e regras. As regras devem ser interpretadas de acordo com o sentido conferido pelos princípios. A ubiquidade da principiologia constitucional lhe confere a essencial força normativa, superando-se a hermenêutica das normas programáticas, por meio de uma interpretação conforme a Constituição, de modo a preservar a ordem e a unidade do sistema jurídico.

O conteúdo axiológico da Constituição, propiciado pela normatividade de seus princípios,[4] conduz a uma interpretação diferenciada do novo Código Civil, livre de postulados exegéticos e pandectistas, oriundos dos ideais iluministas de igualdade formal e autonomia de vontade, consagrados pela Revolução Francesa.[5] Subs-

---

[4] Paulo Bonavides (*Direito Constitucional*. 13ª ed. rev. e at. São Paulo: Malheiros, 2003) cita Crisafulli como o precursor da teoria da normatividade dos princípios: "A normatividade dos princípios, afirmada categórica e precursoramente, nós vamos encontrá-la já nessa excelente e sólida conceituação formulada em 1952 por Crisafulli: 'Princípio é, com efeito, toda norma jurídica, enquanto considerada como determinante de uma ou de muitas outras subordinadas, que a pressupõem, desenvolvendo e especificando ulteriormente o preceito em direções mais particulares (menos gerais), das quais determinam, e portanto resumem, potencialmente, o conteúdo: sejam, pois, estas efetivamente postas, sejam, ao contrário, apenas dedutíveis do respectivo princípio geral que as contém" (p. 257).

[5] Luiz Edson Fachin *et alli*. "Crítica ao legalismo jurídico e ao historicismo positivisa: ensaio para um exercício de diálogo entre história e direito, na perspectiva do Direito Civil contemporâneo". In RAMOS, Carmen Lucia Silveira [org.] *et alli*. *Diálogos sobre Direito Civil: construindo uma racionalidade contemporânea*. Rio de Janeiro: Renovar, 2002: "Também no direito a presença latente do estadualismo se fez de fundamental importância na compreensão das principais escolas jurídicas do século XIX, e cuja expressão mais perfeita é a do chamado *legalismo*. Siamesas dessa tendência a suposta neutralidade, abstração e a virtualidade na compreensão dos sujeitos, das coisas e das relações jurídicas, direito e lei, o posto e o positivado, se equilibram na mesma balança. Essa idéia compõe-se da perspectiva de que o direito se reduz à lei ... Mesmo que à lei se tivesse imprimido uma certa intensificação e importância pelas monarquias medievais e absolutistas, é na formação estatal pós-Revolução Francesa que essa expressão jurídica é precisamente delineada, tornando-se a principal fonte de aplicação no campo da construção do direito... Uma manifestação dessa acepção ideológica de Estado no campo jurídico é o movimento de codificação que teve início com a edição

tancial relevo é conferido à teoria dos direitos fundamentais, correlata à teoria material da Constituição.

A superioridade hierárquico-normativa do Direito Constitucional impede que o Direito Civil seja tido como ramo jurídico autônomo. Assim, toda a interpretação constitucional, bem como a interpretação da legislação ordinária conforme a Constituição, leva à concretização dos direitos fundamentais, admitindo-se sua eficácia nas relações interprivadas, justificada pela escolha axiológica realizada pelo intérprete na circularidade da hermenêutica espiraliforme.[6]

Propugnar-se uma interpretação centralizadora do Direito Privado no âmbito positivado do Código Civil[7] é negar a real força normativa da Constituição, fomentando a normatividade dos microssistemas que depõem contra a unidade axiológica do sistema.[8] A unidade não advém de preceitos legislativos; decorre da própria

do Código Napoleônico, em 1804. Codificar significava, antes de tudo, coligir as diversas normas legislativas e consumeiras que vigoravam até então, e imprimir-lhes validade estatal, bem como coerência interna".

[6] Karl Larenz. *Metodologia da Ciência do Direito*. 2ª ed. Trad. de José Lamego. Lisboa: Fundação Calouste Gulbenkian, 1989, p. 243: "A imagem do 'círculo' não será adequada senão na medida em que não se trata de que o movimento circular do compreender retorne pura e simplesmente ao seu ponto de partida – então tratar-se-ia de uma tautologia –, mas de que eleva a um novo estádio a compreensão do texto... Mesmo que se confirme plenamente a conjectura inicial de sentido, o intérprete já não estará situado no mesmo ponto, já que a sua mera suposição ou idéia se converte, de ora em diante, em certeza. A conjectura de sentido tem o carácter de uma hipótese, que vem a ser confirmada mediante uma interpretação conseguida".

[7] A criação de um código central, segundo Clóvis do Couto e Silva ("O direito civil brasileiro em perspectiva histórica e visão de futuro". *Revista da Ajuris v. 40*, Porto Alegre, 1987), foi o objetivo da comissão elaboradora do novo Código Civil: "O pensamento que norteou a Comissão que elaborou o projeto do Código Civil brasileiro foi o de realizar um Código Central..."

[8] Gustavo Tepedino. *op. cit.* p. 12: "Não obstante a extraordinária análise histórica oferecida por Natalino Irti, o fato é que tal doutrina, levada às últimas conseqüências, representa um grave fragmentação do sistema, permitindo a convivência de universos legislativos isolados, responsáveis pela disciplina completa dos diversos setores da economia, sob a égide de princípios e valores díspares, não raro antagônicos e conflitantes, ao sabor dos grupos políticos de pressão".

ordem instaurada pela Constituição Federal de 1988, razão pela qual não se deve, em um desvirtuamento interpretativo, interpretar-se a Constituição conforme o Código Civil.[9]

---

[9] Já em Kelsen (*Teoria Pura do Direito*. Trad. João Batista Machado. São Paulo: Martins Fontes, 2003), no núcleo de sua *Grundnorm*, enquanto fundamento de validade de um "sistema de normas que se apresenta como uma ordem jurídica" (p. 221), a validade das normas positivas decorreria da própria norma fundamental pressuposta que estabelece que devemos agir de acordo com uma Constituição posta: "Fundamento de validade, isto é, a resposta à questão de saber por que devem as normas desta ordem jurídica ser observadas e aplicadas, é a norma fundamental pressuposta segundo a qual devemos agir de harmonia com uma Constituição efetivamente posta, globalmente eficaz, e, portanto, de harmonia com as normas efetivamente postas de conformidade com esta Constituição e globalmente eficazes" (p. 236).

2. Sistema aberto e o novo Código Civil

O novo Código Civil tem sido saudado, entre outras razões,[10] e com relativo grau de acerto, por adotar a técnica legislativa das cláusulas gerais,[11] como os tipos normativos abertos dos arts. 421 e 422 (boa-fé objetiva e função social do contrato).

Como característica da cláusula geral, Canaris aponta o fato de não fornecer os critérios à sua concretização, os quais devem ser determinados de acordo com o caso concreto.

"É característico para a cláusula geral o ela estar carecida de preenchimento com valorações, isto é, o ela não dar os critérios necessários para a sua concretização, podem-se, estes, fundamentalmente,

---

[10] Miguel Reale ("Visão geral do novo Código Civil". *Revista de Direito privado* v. 9, São Paulo, 2002) ressalta a grande mudança operada pela alteração de paradigmas: "É difícil, em poucos minutos, enumerar as mudanças operadas pela nova codificação em todos os setores da vida civil, sendo mais aconselhável mostrar quais foram os princípios que presidiram a sua elaboração, pois, como bem observou Tomás Kuhn, as mais relevantes conquistas científicas dependem sempre dos *novos paradigmas* que as condicionarem. Somente assim é que tomamos ciência do progresso representado pelas alterações realizadas na legislação do País". Ressalta, ainda, os princípios norteadores do Código: "... *valores* considerados essenciais, tais como o de *eticidade*, de *socialidade* e de *operabilidade*".

[11] Miguel Reale. *op. cit.*: "Não menos relevante é a resolução de lançar mão, sempre que necessário, de *cláusulas gerais*, como acontece nos casos em que se exige probidade, boa-fé ou correção (*correttezza*) por parte do titular do direito, ou quando é impossível determinar com precisão o alcance da regra jurídica".

determinar *apenas com a consideração do caso concreto respectivo*... são sempre caracterizadas, e pelo menos em parte, com razão, como pontos de erupção da eqüidade".[12]

Em face do Código de 1916, o qual "é fruto das doutrinas individualista e voluntarista que, consagradas pelo Código de Napoleão e incorporadas pelas codificações do século XIX, inspiraram o legislador brasileiro",[13] a inclusão de cláusulas gerais no Código de 2002 representa significativo avanço legislativo. Sua previsão tem sido aclamada[14] como fator de mobilidade sistemática, proporcionando relativa abertura ao sistema, permitindo ao intérprete a inserção de modelos valorativos e éticos na apreciação do caso concreto.

Contudo, à busca da efetiva justiça material,[15] em perspectiva tópico-sistemática, essa limitada mobilidade

---

[12] Claus-Wilhelm Canaris. *Pensamento sistemático e conceito de sistema na ciência do Direito*. Trad. Menezes Cordeiro. 3ª ed. Lisboa: Fundação Calouste Gulbenkian, 2002, p. 142. Diz Canaris que as cláusulas gerais não se confundem com o sistema móvel fixado por Wilburg, (*Entwicklung eines beweglichen Systems im bürgerlichen Recht*, Graz, 1950), porquanto este tencionou determinar todos os elementos à "relação de interpenetração", independentemente das circunstâncias do caso concreto, impossibilitando, assim, a "presença de princípios fundamentais".

[13] Gustavo Tepedino. *op. cit.* p. 2.

[14] Judith Martins-Costa. "Os direitos fundamentais e a opção culturalista do novo Código Civil". *In* SARLET, Ingo Wolfgang [org.]. *Constituição, Direitos Fundamentais e Direito Privado*. Porto Alegre: Livraria do Advogado, 2003: "Creio que essas características culturalistas do novo Código viabilizam uma incessante comunicação e *complementaridade intertextual* entre o Código e os Direitos Fundamentais, o que é especialmente possibilitado pela conexão entre a *estrutura* e a *linguagem* utilizada. A abertura semântica é garantida pela existência de cláusulas gerais estrategicamente colocadas, permissivas das três ordens de conexão sistemáticas antes referidas. É paradigmática, nesse sentido, a cláusula geral do art. 21 (tutela da vida privada), que poderá – se bem compreendida como 'modelo jurídico prospectivo' – sanar deficiências do próprio Código Civil, constituindo, por outro lado, via privilegiada para a expansão, nesse domínio, do princípio da dignidade da pessoa humana contra a indevida intromissão de poderes políticos e sociais na 'esfera de exclusividade' de cada pessoa".

[15] Karl Larenz (*op. cit.*), na busca da solução justa ao caso concreto, destaca a importância das teorias de Esser e Fikentcher no reconhecimento da ativida-

não satisfaz, notadamente quando o sistema possui meios axiológicos de maior efetividade, caracterizados pela própria principiologia constitucional.

O sistema é informado por valores superiores, mutáveis historicamente,[16] exigindo do intérprete a criação do Direito no caso concreto,[17] por meio de uma interpretação transformadora que supere a rígida separação entre sujeito e objeto.[18] É hermenêutica que se impõe, face à ubiqüidade dos princípios constitucionais,[19] conferindo caráter de instrumentalidade ao próprio Direito.

"A manutenção da Teoria Geral do Direito Civil, nos moldes orientados pela Pandectista, é uma patologia a ser criticamente tratada se aquela não se legitima mais no sistema jurídico, ferindo a própria instrumentalidade do Direito, reduzindo-o a uma leitura conceitual, calcada em arquétipos oitocentis-

---

de criadora da jurisprudência: "A questão da determinação do modo como será possível ao juiz chegar à decisão justa dos casos, com a ajuda da lei ou, porventura, sem ela, ocupa em boa verdade todos os autores modernos da metodologia jurídica... De entre estes há que referir especialmente dois que, e não por acaso, se ocuparam mais detidamente com os modos de pensamento do Direito inglês e americano, um Direito de *case-law*: Josef Esser e Wolfgang Fikentscher" (p. 161).

[16] A mutabilidade histórica decorre do caráter de socialidade do Direito, caráter este que se presume presente no novo Código Civil. Segundo Miguel Reale (*op. cit.*), pelo caráter de *socialidade* do direito e pela insuperabilidade do caráter abstrato das regras de direito, não se deve olvidar a atuação construtiva da jurisprudência, pautada por valores como os da boa-fé e eqüidade.

[17] Não se trata de criação do Direito no sentido legislativo e nem com o alcance da atuação do magistrado do sistema da *Common Law*, onde cria a norma como se legislador fosse. Nesse sentido, James L. Dennis. "Uso do precedente no Código Civil de Louisiana". *Revista de Direito Público v. 86*, São Paulo, 1987: "... o juiz examina os fatos do processo e, a partir da consideração sistemática de todas as normas, princípios, diretrizes e fatos sociais relevantes para seu conhecimento, e para os quais as partes chamaram sua atenção, ele elabora uma norma, como se fosse legislador".

[18] Cf. Juarez Freitas. *A interpretação sistemática do Direito*. 3ª ed., rev. e amp. São Paulo: Malheiros Editores, 2002, p. 66.

[19] Sobre a ubiqüidade do círculo hermenêutico, Alexandre Pasqualini. *Hermenêutica e sistema jurídico: uma introdução à interpretação sistemática do Direito*. Porto Alegre: Livraria do Advogado, 1999, passim.

tas, não condizente com a realidade social hodierna e tampouco com os valores e princípios constitucionais positivados".[20]

O sistema não deve ser concebido como aberto somente em razão da previsão de cláusulas gerais. O sistema é geneticamente aberto por possuir estrutura dialética, dialógica e plural, onde o próprio Direito é o instrumento mais efetivo na busca da justiça material.

Nesse sentido, o novo Código Civil, mesmo nos moldes em que restou estruturado,[21] impõe ao intérprete a adoção de um posicionamento pautado pelos prismas constitucionais, avessos à dogmática e dogmatismo tradicionais de um sistema de pretensa completude.

A tradicional dogmática retira do intérprete sua postura crítica.[22] Não por outra razão, adverte Luiz Edson Fachin ser imprescindível, "diante do evento de novo Código Civil, aprofundar questões que apreendem e perpassam a reforma codificadora e nela não instalam seus limites".[23]

---

[20] Ricardo Aronne. *Por uma nova hermenêutica dos Direitos reais limitados: das raízes aos fundamentos contemporâneos*. Rio de Janeiro: Renovar, 2001, p. 35.

[21] Carmen Lucia Silveira Ramos. "A constitucionalização do direito privado e a sociedade sem fronteiras". In Fachin, Luiz Edson [coord.]. *Repensando os fundamentos do direito civil brasileiro contemporâneo*. 2ª tir. Rio de Janeiro: Renovar, 2000: "Assumida a ficção deste modo de ver o direito, reconhecida sua necessária funcionalização e vinculação ao contexto histórico de uma determinada época, embora mantida a estrutura formal racionalista-liberal na organização do sistema, não ficou esta isenta de críticas, como ocorre com a denominada e antes referida descodificação, entendida como o ocaso dos códigos, com sua pretensão de monossistema, passando para o polissistema, com a gradativa conquista espaços pelas leis especiais, centradas na constituição, de tal sorte que a visão do fenômeno jurídico sob este novo ângulo conduziu a uma leitura interdisciplinar do direito".

[22] Ricardo Aronne. *op. cit.* p. 39: "Nessa esteira, a dogmática e seu Direito posto, acabado e completo, a retirar do jurista a postura crítica, filosófica e estruturante – somando sua interpretação à tecitura móvel e evolutiva do Direito, em cada concretização – sucumbe no reconhecimento do próprio sistema, de sua incompletude, impondo seu constante evoluir na completabilidade da proposição social e resolução interpretativa".

[23] Luiz Edson Fachin. "Transformações do direito civil brasileiro contemporâneo". *In* Ramos, Carmen Lucia Silveira [org.] *et alli. op. cit.*

Canaris já emprestava diferente significação à análise da propalada mobilidade do sistema, em face de sua abertura.[24] Embora se faça costumeira confusão entre os conceitos, um sistema somente poderá ser tido como móvel quando presentes as características essenciais fixadas por Wilburg. À caracterização da mobilidade do sistema, é negada "a determinação de uma determinada hierarquia entre os 'elementos', que coloca, pois, ao mesmo nível e, por outro, que eles não devam surgir sempre todos, mas antes se possam substituir uns aos outros".[25]

Em nada se confunde mobilidade com abertura, exatamente pela ausência da imprescindível hierarquia de caráter axiológico e teleológico entre os princípios, com primazia da principiologia constitucional.

Como corolário inarredável do critério da hierarquização axiológica, o sistema impõe-se como aberto e ordenável, não apenas na abertura patrocinada pelas cláusulas gerais, como preleciona Juarez Freitas, "senão que, sobretudo, na abertura de natureza epistemológica, derivada da aludida indeterminação, intencional ou não, dos enunciados semânticos em matéria jurídica".[26]

Essa modificabilidade de valores e princípios não é necessariamente verificada em um sistema móvel, enquanto, *a contrario sensu*, em um sistema aberto, a desigual categoria entre seus princípios[27] (hierarquização axiológica) é imprescindível. Um certo grau de

---

[24] Cf. Claus-Wilhelm Canaris. *op. cit.* p. 126.

[25] Idem, ibidem, p. 129.

[26] Juarez Freitas. *op. cit.* p. 50. Complementa Juarez Freitas dizendo que a dialeticidade é inerente ao sistema jurídico, o qual, enquanto dialético, é aberto, estando a dialeticidade presente na hierarquização das premissas, que substitui à elaboração de silogismos, sobrevindo a conclusão como mero acréscimo à escolha antes feita, de modo que a axiomatização do sistema "jamais poderá ser absoluta, por infirmar a natureza mesma do multifacetado fenômeno jurídico" (p. 56).

[27] Cf. Claus-Wilhelm Canaris. *op. cit..* p. 130.

tensão principiológica[28] é imanente à abertura genética do sistema, em virtude de sua incompletude e estrutura dialética.

A hierarquização dos princípios e valores insertos na Carta Constitucional confere ao sistema "coerência e abertura para a melhor sintonia com as justas aspirações da sociedade".[29] Como decorrência, "toda a interpretação sistemática é, de certo modo, interpretação constitucional, subordinada qualquer norma aos direitos fundamentais e aos princípios superiores da igualdade e da justiça, entre outros de mesma estatura".[30]

Não obstante possuir incontestável valor a inserção de cláusulas gerais no novo Código Civil, associá-las a uma relativa abertura do sistema importa em concebê-lo fechado, remontando à pretensa completude codicista.[31]

A existência de determinada tensão principiológica e valorativa no âmago do sistema somente se justifica pela escolha axiológica a ser realizada pelo intérprete, não restrito aos estreitos limites da codificação. O fechamento do sistema importa na inaplicabilidade funcional dos institutos jurídicos, porquanto da funcionalização

---

[28] Ronald Dworkin. *Levando os Direitos à Sério*. Trad. Nelson Boeira. São Paulo: Martins Fontes, 2002, pp. 42 – 43: "Essa primeira diferença entre regras e princípios traz consigo uma outra. Os princípios possuem uma dimensão que as regras não têm – a dimensão do peso ou importância. Quando os princípios se intercruzam (por exemplo, a política de proteção aos compradores de automóveis se opõe aos princípios de liberdade de contrato), aquele que vai resolver o conflito tem de levar um conta a força relativa de cada um. Esta não pode ser, por certo, uma mensuração exata e o julgamento que determina que um princípio ou uma política particular é mais importante que outra freqüentemente será objeto de controvérsia. Não obstante, essa dimensão é uma parte integrante do conceito de um princípio, de modo que faz sentido perguntar que peso ele tem ou quão importante ele é".

[29] Juarez Freitas. *op. cit.* p. 190.

[30] Idem, ibidem, p. 81.

[31] Cf. Gustavo Tepedino. *op. cit.* p. 4. Pela dogmática tradicional, a edição de leis esparsas, necessárias depois da promulgação do Código Civil, se deu de acordo com suas diretrizes e princípios, permanecendo como regulador único das relações privadas. Essa legislação era tida como "de emergência" (p. 4) e, como tal, não era capaz de abalar os alicerces da dogmática, preservando-se a "integridade do sistema em torno do Código Civil" (p. 4 – 5).

independe a regularidade do sistema codificado. São previstas perenes e taxativas hipóteses de incidência normativa, as quais não atendem à mutabilidade prestada ao Direito pelos anseios da dinâmica social.[32]

"O direito civil perde, então, inevitavelmente, a cômoda unidade sistemática antes assentada, de maneira estável e duradoura, no Código Civil. A Teoria Geral dos Contratos já não atende mais às necessidades próprias da sociedade de consumo, da contratação em massa, da contratação coletiva. A Teoria Geral da Propriedade já não responde à pluralidade de situações jurídicas em que se dá o exercício do domínio que, por isso mesmo, se fragmenta".[33]

Significativa importância possui a concepção de sistema sobre a realidade contratual vigente, não somente pela massificação obrigacional, mas pela busca da igualdade e justiça material entre os partícipes da relação contratual.

Valores não pautados na elaboração do Código Civil de 1916,[34] que cristalizou a clássica concepção de Direito Privado onde "a pessoa humana é valorizada pelo que *tem* e não por sua dignidade como tal",[35] passam a ser primordialmente considerados sob a pers-

---

[32] Cf. Paulo Nalin. *Do contrato: conceito pós-moderno – em busca de sua formação na perspectiva civil-constitucional*. Curitiba: Juruá, 2002, p. 67.

[33] Gustavo Tepedino. *op. cit.* p. 10 – 11.

[34] Pertinente crítica comparativa ao Código de 1916 faz Ricardo Aronne ("Titularidades e apropriação no novo Código Civil brasileiro – Breve ensaio sobre a posse sua natureza". *In* SARLET, Ingo Wolfgang [org.]. *O novo Código Civil e a Constituição*. Porto Alegre: Livraria do Advogado, 2003) à opção político-legislativa de elaboração de uma nova codificação do Direito Civil: "Padece, pois, do mesmo mal de seu antecessor que, ao invés de abrir as portas do século XX, quando aprovado em 1916, fechava as portas do século XIX...".

[35] Jussara Meirelles. "O ser e o ter na codificação civil brasileira: do sujeito virtual à clausura patrimonial". *In* FACHIN, Luiz Edson [coord.]. *op. cit.*

pectiva constitucionalizada, onde marcante a *despatrimonialização* e *repersonalização*[36] do Direito Civil.

Deve-se, como salienta Eroulths Cortiano Junior, "colocar a proteção ao patrimônio como uma forma de proteger e garantir a dignidade da vida humana".[37] Prepondera a escolha axiológica que confere primazia aos valores superiores e informadores do sistema, visando objetivamente à preservação dos direitos fundamentais, em especial do princípio da dignidade humana.[38]

A assunção de tal desiderato torna-se efetivamente possível diante da dialogicidade e dialética do sistema aberto, elementos imprescindíveis em um Estado Democrático de Direito.

A dignidade humana, enquanto "categoria axiológica aberta",[39] impõe sua delimitação pela atividade hermenêutica do intérprete, com a superação do axioma de que os direitos somente são defensáveis quando expressamente previstos em legislação infraconstitucional,[40] concepção esta alinhada a um sistema fechado ou de relativa abertura.

---

[36] Ricardo Aronne. *Por uma nova hermenêutica* p. 10: "Com a 'publicização' do Direito Civil, decorrente de sua 'constitucionalização', advém sua 'repersonalização', imprimindo uma crise na formulação dogmática oitocentista – de valores setecentistas – em desalinho com o atual compromisso do Direito Civil em sua inserção no tecido normativo vigente, de inviável compreensão pela metodologia outrora moldada".

[37] Eroulths Cortiano Junior. "Para além das coisas (Breve ensaio sobre o direito, a pessoa e o patrimônio mínimo)". *In* Carmen Lucia Silveira Ramos [org.] *et. al. op. cit.*

[38] Ingo Wolfgang Sarlet. *Dignidade da Pessoa Humana e Direitos Fundamentais.* 2ª ed. rev. e amp. Porto Alegre: Livraria do Advogado, 2002, p. 64: "Registre-se que a dignidade da pessoa humana foi objeto de expressa previsão no texto constitucional vigente... Assim, antes tarde do que nunca – pelo menos ainda antes da passagem para o terceiro milênio –, a dignidade da pessoa e, nesta quadra, a própria pessoa humana, mereceram a devida atenção por parte da nossa ordem jurídica positivada".

[39] Ingo Wolfgang Sarlet. *A eficácia dos direitos fundamentais.* 3ª ed., rev., at. e amp. Porto Alegre: Livraria do Advogado, 2003, p. 108.

[40] Cf. Paulo Nalin. *op. cit.* p. 47. Segundo Nalin, a edição de um novo Código Civil, mantendo engessados os institutos fundamentais do Direito Civil, não promove uma mudança de paradigma ao modelo contratual, pois

Por essa razão, o advento do Código de 2002, mesmo com a inserção de cláusulas gerais, não é bastante à realização dos valores superiores condizentes a um sistema jurídico aberto e ordenável;[41] ao revés, resulta na manutenção da tradicional perspectiva de completude sistemática,[42] em detrimento da aplicabilidade da principiologia constitucional..

---

que se contrapõe ao "sentido expansionista da Constituição" (p. 47). O novo Código teria como certeza apenas sua "plena capacidade civil" (p. 47), uma vez que tramitou durante "mais de 21 anos pelas casas legislativas federais" (p. 47).

[41] Claus-Wilhelm Canaris. op. cit. p. 22: "Longe de ser uma aberração, como pretendem os críticos do pensamento sistemático, a idéia do sistema jurídico justifica-se a partir de um dos mais elevados valores do Direito, nomeadamente do princípio da justiça e das suas concretizações no princípio da igualdade e na tendência para a generalização".

[42] Jorge Cesa Ferreira da Silva ("Princípios de direito das obrigações no novo Código Civil". In Sarlet, Ingo Wolfgang. O novo Código Civil...), refere que da opção de Miguel Reale pelo 'evolucionismo' na elaboração do Código de 2002, resultaram importantes características na sua estrutura sistemática: "Ao referir a matriz ideológica que orientou a comissão elaboradora do anteprojeto do novo Código Civil, Miguel Reale declarou a opção pelo que chamou de *evolucionismo*, entendido como o processo destinado a rever o texto de modo a conservá-lo naquilo que se apresentasse em consonância com a tradição civilista luso-brasileira. Dessa opção decorreram características importantes da proposta, do que se pode lembrar, apenas a título exemplificativo, a manutenção de uma parte geral destinada a introduzir e sistematizar o material codificado e não codificado ou a profunda integração entre os dois grandes ramos do direito privado: o direito civil e o comercial. Reflexo secundário desse evolucionismo – mas não menos importante na resolução de problemas práticos – encontra-se na fiel e literal manutenção do texto de 1916 em diversos pontos".

3. Normatividade principiológica: a interpretação conforme a Constituição

O reconhecimento da abertura genética do sistema determina a aplicação teleológica dos valores hierarquizados axiologicamente, a incidência e força normativa dos princípios constitucionais.

Essa concepção abebera-se da diferenciação axiológica entre regras e princípios, enquanto espécies normativas, sendo os princípios hierarquicamente superiores às regras.[43]

Em virtude da dialética do sistema, um conflito ou oposição principiológica não implica, hierarquizando-se axiologicamente, expurgo de uma das normas em oposição, reclamando, ao revés, uma atividade interpretativa conformadora, que preserve o máximo dos valores que restarem relativizados.[44]

---

[43] Cf. Ricardo Aronne. *op. cit.* p. 77. Na esteira de Larenz e Dworkin, afirma Aronne que os princípios, na atividade interpretativa, retiram a subjetividade do intérprete, no sentido do que considera ou não correto, vinculando-o à idéia do sistema, "pelo seu conteúdo axiológico" (p. 79). A aplicação dos princípios, assim, evita a arbitrariedade, sem afastar o intérprete da "possibilidade de conformação tópica do Direito" (p. 79), exatamente pela noção próxima de princípio e direito, em seu "sentido ideal e valorativo" (p. 80).

[44] Cf. Juarez Freitas. *op. cit.* p. 195. Mesmo em Kelsen (*op. cit.*), com a estrutura escalonada das normas jurídicas, na hipótese de conflito entre normas do mesmo escalão onde inaplicável o princípio *lex posteriori derogat priori*, como no caso de as normas em conflito serem "postas ao mesmo tempo" (p. 230), restariam duas opções, ambas com preservação finalísitica da ordem jurídica: "é deixada ao órgão competente para a aplicação da lei, a

Na hipótese do conflito de regras, deve ser solvida a antinomia com a remoção da regra contrária ao sistema, preservando-se este finalisticamente.[45] Os princípios, pois, permanecem no sistema,[46] adequando-se às mutações sociais e históricas, prestando dinamicidade[47] ao Direito, por meio da devida hierarquização axiológica.

Outro aspecto que confere normatividade aos princípios é a sua ubiqüidade. Os princípios "estão, ou deveriam estar, na base e simultaneamente no topo do sistema jurídico".[48] Para Dworkin, os princípios atuam com toda a sua força, principalmente nas "questões judiciais difíceis",[49] emprestando essencial razão à fundamentação do intérprete, estando, dessa forma, "por toda a parte, à nossa volta",[50] concedendo sentido às

---

um tribunal, por exemplo, a escolha entre as duas normas; ou quando – como no segundo exemplo – as duas normas só parcialmente se contradizem, que uma norma limita a validade da outra" (p. 230). A norma fundamental não confere a qualquer ato um sentido objetivo, mas apenas àqueles "cujo sentido subjetivo seja capaz de uma legitimação pela norma fundamental" (p. 231).

[45] Afirma Canaris (*op. cit.* p. 233 – 234) que mediante interpretação criativa conforme o sistema, tem-se por inconstitucionais as normas contrárias ao sistema, acarretando em sua conseqüente nulidade, de modo que "a contradição deixa-se isolar no sistema axiológico ou teleológico".

[46] Cf. Ricardo Aronne. *op. cit.* p. 77.

[47] Para Dworkin (*op. cit.*) é de natureza lógica a distinção que faz entre regras e princípios. Ainda que ambos apontem uma decisão específica em um caso concreto, orientam o intérprete de maneira diversa. "As regras são aplicáveis à maneira do tudo-ou-nada" (p. 39), ou seja, ou são válidas, aceitando-se as soluções por ela prescritas ao caso concreto, ou não são válidas, não contribuindo para a decisão. Os princípios, ao revés, não apresentam uma solução automática ao caso apresentado. Canotilho (*Direito Constitucional.* Coimbra: Almedina, 1992), a respeito da função dos princípios, os tem como multifuncionais, porque "podem desempenhar uma função argumentativa, permitindo, por exemplo denotar a ratio legis de uma disposição (...) ou revelar normas que não são expressas por qualquer enunciado legislativo, possibilitando aos juristas, sobretudo aos juízes, o desenvolvimento, integração e complementação do direito" (p. 173).

[48] Juarez Freitas. *A substancial inconstitucionalidade da lei injusta.* Porto Alegre: Vozes, 1989, p. 21.

[49] Ronald Dworkin. *op. cit.* p. 46.

[50] Idem, ibidem, passim.

regras, as quais devem ser interpretadas de acordo com o conteúdo axiológico daqueles.[51]

A força normativa dos princípios, em consonância com os postulados de ordem e unidade do sistema finalístico e axiológico, é reconhecida também por sua estrutura dialógica, experimentada notadamente nas normas constitucionais, as quais são abertas aos fatos políticos[52] e sociais.

Por essa razão, ao se reconhecer a normatividade dos princípios constitucionais, está-se vinculando o intérprete a uma interpretação conforme a Constituição. A vinculação reside em esfera superior às regras, em sede de princípios, superando inclusive a hermenêutica das normas programáticas.[53]

Da atuação do intérprete, resulta a aplicação das normas jurídicas decorrentes dos princípios constitucionais. "Quem interpreta, aplica; e só: nada se interpreta, no mundo jurídico, senão para que o resultado da interpretação (= a norma jurídica) se aplique a determinada situação de conflito, efetiva ou potencial".[54]

Juarez Freitas faz distinção entre valores, princípios e regras, onde os princípios são as diretrizes basilares do sistema jurídico, sendo hierarquicamente superiores às regras.[55] Quanto aos valores, confere sentido similar ao

---

[51] Cf. Ricardo Aronne. *op. cit.* p. 76.

[52] Jorge Cesa Ferreira da Silva (*A boa-fé e a violação positiva do contrato*. Rio de Janeiro: Renovar, 2002) diz que, por serem mais abertas aos fatos políticos, as normas constitucionais foram redigidas de modo a atribuir aos princípios "função decisiva na resolução dos problemas práticos" (p. 41), consagrando, implicitamente, valores morais.

[53] Cf. Paulo Bonavides. *op. cit.* p. 259. O ingresso dos princípios gerais de Direito nas Constituições opera-se com força positiva, de modo que, complementa Bonavides, perdem, os princípios, a "indeterminação, habitualmente invocada para retirar-lhes o sentido normativo de cláusulas operacionais" (p. 259), superando, com isso, a hermenêutica das normas programáticas, transformando-se em princípios constitucionais.

[54] Eros Roberto Grau. "Pareceres, juristas e apedeutas". *Revista da Faculdade de Direito da UFRGS v. 18*, Porto Alegre, 2000.

[55] Cf. Juarez Freitas. *A interpretação sistemática...* p. 57. Para o autor, a diferenciação entre regras e princípios se opera "a partir do reconhecimento

dos princípios, diferenciando-os por sua forma "mais concentrada de diretrizes, que falta àqueles, ao menos em grau ou intensidade".[56]

Eros Roberto Grau, por sua vez, recusa a distinção entre valores, princípios e regras, entendendo que os valores estão contidos nos princípios, o que "dá força para afirmar que a racionalidade material do direito há de ser encontrada no seu interior (do direito), e não fora dele".[57]

No tocante à distinção entre normas e regras, afirma ser a divergência semântica, porque "o intérprete desvencilha a norma do seu invólucro (o texto); neste sentido, o intérprete 'produz' a norma".[58] Em sua atividade criativa e transformadora, o intérprete produz a norma, sejam elas derivadas de regras ou de princípios.

O entendimento de Canaris, no entanto, parece ser o mais adequado ao que se pretende demonstrar. Para Canaris, os valores não estão contidos nos princípios, pois estes encontram-se situados em âmbito intermediário entre valores e conceitos.[59]

A ordem jurídica, na concepção sistemática, é baseada em valores superiores, os quais não possuem o grau de concretização dos princípios, ou seja, normatividade. É inerente aos princípios "a bipartição, característica da proposição de Direito em previsão e conseqüência jurídica".[60]

A "normativização" dos valores opera-se por meio dos princípios, indicando estes "a direcção da conseqüência jurídica".[61] Assim, a passagem de valor para

---

de uma diferença substancial de grau hierárquico" (p. 57), de modo que as regras, dando concretude aos princípios, devem "ser entendidas como preceitos menos amplos e axiologicamente inferiores aos princípios" (p. 58).

[56] Idem, ibidem, p. 58.
[57] Eros Roberto Grau. Prefácio. In Juarez Freitas. op. cit. p. 16.
[58] Idem, ibidem, passim.
[59] Cf. Claus-Wilhelm Canaris. op. cit. p. 86.
[60] Idem, ibidem, passim.
[61] Idem, p. 86, nota 147.

princípio dá-se de forma fluida, pois os valores se deixam "reformular nos correspondentes princípios",[62] escalonando-se em diferentes graus de concretização – do valor para o princípio e deste para a norma.

Dessa forma, os princípios constitucionais, hierarquizados axiologicamente, constituem o lastro fundamental do sistema jurídico e da instrumentalidade do Direito. Estão simultaneamente no ápice e na base do sistema: possuem superioridade normativa material, sendo o cerne fundamental da Constituição e do próprio sistema jurídico.[63]

O reconhecimento da força normativa dos princípios conduz inevitavelmente à interpretação conforme a Constituição. De acordo com este método interpretativo, dentre os vários sentidos que podem ser apresentados pelas normas, deve-se optar sempre por aquele que as compatibilizem com a Constituição. Se possível a conformação finalística da norma contrária ao sistema, conservando-se seu sentido,[64] não é necessária a declaração de sua nulidade, pois que resta moldada, interpretativamente, aos postulados sistemáticos.

Evita-se, assim, a ocorrência de contradições axiológicas no âmbito do sistema, que resta teleologicamente preservado, assim como sua unidade jurídica.[65] Portanto, à interpretação conforme a Constituição, imprescindível a hierarquização axiológica dos princípios insertos na Carta, com primazia daqueles considerados fundamentais.[66]

A atividade interpretativa, no entanto, não deve ser marcada por arbitrariedade, que é propriamente contrária ao sistema e sua unidade.[67]

---

[62] Idem, p. 87.

[63] Paulo Bonavides. *op. cit.* p. 288.

[64] Cf. Paulo Bonavides. *Teoria constitucional da democracia participativa.* São Paulo: Malheiros Editores, 2001, p. 258.

[65] Idem, ibidem, p. 259.

[66] Cf. Juarez Freitas. *op. cit.* pp. 220 – 221.

[67] Idem, Ibidem, passim.

Não é dado ao intérprete avocar a atividade pertinente ao legislador,[68] mas não deve atuar, segundo Carlos Maximiliano,

"... como insensível e frio aplicador mecânico dos dispositivos; porém como órgão de aperfeiçoamento destes, intermediário entre a letra morta dos Códigos e a vida real, apto a plasmar, com a matéria-prima da lei, uma obra de elegância moral e útil à sociedade".[69]

A Constituição reflete a estrutura dialética e plural do sistema aberto. A complexidade da dinâmica social impõe ao intérprete, na busca da efetiva justiça material, colher na Constituição os elementos que possibilitem a efetivação da igualdade material, notadamente em face do "atual estágio da teoria jurídica dos direitos fundamentais".[70] A força normativa dos princípios constitucionais conduz à imprescindível correlação entre Estado e sociedade, com superação da rígida dicotomia entre público e privado, de modo que, em um Estado Democrático de Direito, "también el concepto moderno de Constitución se debe orientar atendiendo a las funciones cambiantes de ésta y a su modo específico de funcionamiento en la comunidad pluralista y antagónica".[71]

---

[68] Conforme Gilmar Mendes ("Teoria da legislação e controle de constitucionalidade: algumas notas". *Revista Jurídica Virtual n° 1*, 1999, http://www.planalto.gov.br/ccivil_03/revista/Rev_01/Revista1.htm) a atividade legislativa exerce papel subsidiário na ordem jurídica do Estado de Direito, ainda que relevante, pois submetido ao princípio da necessidade, de modo que configura abuso de poder de legislar a edição de leis supérfluas ou iterativas.

[69] Carlos Maximiliano. *Hermenêutica e aplicação do Direito*. Rio de Janeiro; Forense, 1984, p. 59.

[70] Márcio Augusto de Vasconcelos Diniz. *Constituição e hermenêutica constitucional*. Belo Horizonte: Mandamentos, 1998, p. 183.

[71] Hans-Peter Schneider. "La Constitución: función y estructura". *Democracia y Constitución*. Trad Angela Collado Ais e Manuel Bonachela Mesa. Madrid: Centro de Estudios Constitucionales, 1991, p. 35- 36.

Portanto, a interpretação conforme a Constituição importa em método de interpretação da legislação ordinária, conservando a unidade e ordem do sistema jurídico. É ponto de equilíbrio que o sistema apresenta na busca da validade[72] das normas jurídicas, que somente serão declaradas inconstitucionais como recurso último, quando não puderem ser interpretadas de acordo com os preceitos constitucionais.[73]

No entanto, em face da tradição positivista do Direito brasileiro, é pertinente a ressalva que faz Paulo Bonavides:

> "Corre-se não raro com o emprego desse método o risco de transformar a interpretação da lei conforme a Constituição numa interpretação da Constituição conforme a lei ('eine gesetzeskonforme Auslegung der Verfassung'), distorção que se deve conjurar".[74]

Essa distorção interpretativa pode decorrer da concepção de sistema fechado, pois adrede ao axioma de que os direitos somente são defensáveis se positivados em legislação infraconstitucional.

Nesse aspecto, ainda que tenha o Código de 2002 inovado quanto à técnica legislativa, a alteração de posicionamento do intérprete, notadamente do intérprete/juiz, não é algo facilmente alcançável em um curto espaço de tempo.

> "Identifica-se a idéia de sistema fechado com o seu método lógico-dedutivo (jus-racionalista), enclausurado nele mesmo, sem que outras experiências (jurídicas e metajurídicas), possam renovar suas

---

[72] Para Kelsen (*op. cit.*) a norma fundamental é enunciada pela proposição de dever-ser segundo a qual devemos nos conduzir de acordo com a Constituição, de modo que "as normas postas de conformidade com ela são globalmente aplicadas e observadas" (p. 237). Assim, se a Constituição perde sua eficácia, a ordem jurídica e todas as suas normas perdem sua validade.

[73] Cf. Paulo Bonavides. *Curso* p. 518 – 519.

[74] Idem, ibidem, pp. 519 – 520.

bases. Em que pese a vontade do Projeto, quanto à flexibilidade interpretativa das normas jurídicas do futuro Código Civil, o que seria ideal, não se crê que a cultura jurídica secular dos magistrados brasileiros, cujos métodos de análise do Direito vêm dos bancos escolares de graduação, possa ser modificada por mera recomendação do Senado, como se a nossa tradição positivista e exegética tivesse sido construída pela mera vontade do legislador, podendo ela, por força desta mesma vontade, mudar repentinamente. Ora, superar a leitura de um regramento jurídico fundamentalmente fechado, para um modo aberto, por meio de cláusulas gerais, é tarefa para gerações, se é que é possível, não havendo notícia de tal façanha no cenário ocidental".[75]

Para que seja evitada axiomatização de preceitos e princípios,[76] a atividade interpretativa deve resguardar

---

[75] Paulo Nalin. *op. cit.* p. 57-58.

[76] Alexandre Pasqualini. *op. cit..* pp. 91-92: "Até a força dos princípios só se deixa conhecer através da sua capacidade de ler outros princípios, liberando, pelo contraste, a energia axiológica de seus opostos. Também por esse motivo, nenhum princípio ou norma é um princípio ou uma norma sem a recíproca influência dos demais princípios e normas. Com efeito, é pelo vigor da mescla que eles descobrem a sua real identidade. Como anota Esser, mesmo em sua dimensão heurística, 'nenhum princípio atua por si só..., senão que unicamente possui força constitutiva ou valor constitutivo em união com o conjunto do ordenamento conhecido dentro do qual lhe cabe uma função bem determinada'. Assim, de forma ativa e reativa, a interpretação sistemática co-transformadora do Direito obriga cada princípio, precedente jurisprudencial, valor ou norma jurídica a dar o máximo de si, descobrindo o seu mais rico potencial axiológico através da sempre integradora e mútua influência de todos os elementos constituintes da ordem jurídica. O fragmento – seja principiológico, seja normativo – jamais há de coarctar o conjunto. Um isolado princípio, norma ou valor jurídico não se pode converter, num misto de idolatria e rigidez, em cláusula espoliativa dos anelos sistemático-axiológicos do sistema. Aplicar a lei significa, pois, aplicar a alma hierárquica e finalística do Direito, já que, 'ao intérprete incumbe... dar sistematicidade à norma, vale dizer, colocá-la, formal e substancialmente, em harmonia com o sistema jurídico, concepcionado e pressuposto como garantidor da coexistência das liberdades e igualdades no presente vivo em que se dá a operação hermenêutica".

o princípio constitucional da igualdade.[77] Por conterem contradições valorativas, as normas contrárias ao sistema e aos preceitos constitucionais atentam contra o princípio da igualdade, devendo, por isso, ser declarada sua nulidade.[78]

A interpretação conforme a Constituição importa, em última instância, em vedação à arbitrariedade, pois esta, por si só, conduz à violação ao princípio da igualdade[79] e conseqüente nulidade da norma contrária ao sistema.

---

[77] José Carlos Vieira de Andrade. "Os direitos, liberdades e garantias no âmbito das relações entre particulares". *In* SARLET. Ingo Wolfgang [org.]. *Constituição, Direitos Fundamentais*: "A regra formal da liberdade não é suficiente para garantir a felicidade dos indivíduos e a prosperidade das nações e serviu por vezes para aumentar a agressividade e acirrar os antagonismos, agravar as formas de opressão e instalar as diferenças injustas. A paz social, o bem-estar colectivo, a justiça e a própria liberdade não podem realizar-se espontaneamente numa sociedade economicamente desenvolvida, complexa, dividida, dissimétrica e conflitual. É necessário que o Estado regule os mecanismos económicos, proteja os mais fracos e desfavorecidos e promova as medidas necessárias à transformação da sociedade numa perspectiva comunitariamente assumida de progresso, de justiça e de bem estar".

[78] Cf. Claus-Wilhelm Canaris. *op. cit.* p. 225.

[79] Idem, ibidem, p. 226.

4. A Hermenêutica dos Direitos Fundamentais e o Direito Privado

O racionalismo da Revolução Francesa deu ensejo à Declaração dos Direitos do Homem de 1789. Da Declaração Francesa são oriundos os chamados direitos fundamentais de primeira geração, os direitos de liberdade.[80]

As instituições feudais dominaram a organização político-social na França e na Alemanha, no período compreendido entre os séculos X a XIV, quando este tipo de regime esteve em pleno desenvolvimento.

A relação feudal era caracterizada pelo elemento pessoal, entre senhor e vassalo – onde este estava comprometido perante aquele, sendo-lhe fiel, devendo-lhe prestar *consilum et auxilium*, enquanto o senhor lhe garantia proteção e manutenção – e pelo elemento real, que era a porção de terra destinada pelo senhor ao seu vassalo, para que este pudesse fornecer o serviço requerido.[81]

---

[80] Cf. Paulo Bonavides. *op. cit.* p. 562 – 563. Os direitos de primeira geração, no dizer de Bonavides, são os "direitos civis e políticos" (p. 563), não havendo, depois de transcorrido período histórico e jurídico, Constituição que não os reconheça integralmente. O indivíduo é seu titular, sendo oponíveis contra o Estado, "são direitos de resistência ou de oposição perante o Estado" (p. 564). São, pois, na esteira do pensamento liberal clássico, direitos do "homem das liberdades abstratas" (p. 564).

[81] Cf. John Gilissen. *Introdução Histórica ao Direito.* Trad. A. M. Hespanha e L. M. Macaísta Malheiros. 2ª ed. Lisboa: Fundação Calouste Gulbenkian, 1995, p. 188.

A Europa ocidental encontrava-se dividida em diversos feudos, livres de qualquer poder superior, não sendo na França, por exemplo, o rei capaz de impor sua vontade em todo o reino. A economia era fechada, praticamente de subsistência, não havendo trocas entre os domínios, provocando quase o completo desaparecimento do comércio.

O Direito também estava restrito aos limites do domínio, regulando apenas as relações feudo-vassálicas e as relações entre os senhores com os servos de seus domínios, provocando o desaparecimento da organização estatal e da atividade legislativa, sendo atinente aos próprios senhores o poder de dirimir conflitos. O costume passa a ser fonte única de Direito, sendo o direito consuetudinário eminentemente territorial, de modo que as coletividades seguiam as tradições jurídicas referentes ao solo onde estavam fixadas.[82]

É esse o cenário que precede à Revolução Francesa, justificando seus ideais de liberdade e de igualdade formal. Com a Revolução, há a "libertação do solo dos numerosos e complexos encargos que, desde a idade média, pesavam sobre cada parcela; restabeleceu assim a propriedade plena, livre e individual que o direito romano tinha concebido".[83]

Sob essa inspiração surgiu o *Code Napoléon* em 1804, tendo como princípios fundamentais a propriedade individual e a autonomia da vontade, onde o indivíduo era livre para agir conforme sua vontade.[84] Estavam representados na lei os valores liberais de uma sociedade extremamente individualista,[85] sendo a propriedade um direito absoluto e quase ilimitado.[86]

---

[82] Idem, ibidem, p. 189.
[83] Idem, ibidem, p. 645.
[84] Idem, ibidem, p. 537.
[85] Idem, ibidem, p. 538: "Ao 'Code Civil' da sociedade individualista do início do séc. XIX substituiu-se, portanto, um direito que tende a assegurar a igualdade efectiva de todos perante a lei pela protecção dos fracos, graças à

No transcorrer do século XIX, operou-se substancial mudança no sistema de produção, com a utilização da força a vapor e da eletricidade. Dessas mudanças decorreu um descompasso entre os aspectos sociais dinamizados e a legislação codificada do início do século, trazendo problema de difícil solução aos postulados da Escola da Exegese.[87]

A Escola da Exegese propugnava pela plenitude da lei. A lei positivada deveria abarcar todas as possibilidades de solução dos conflitos e eventos decorrentes da vida social. "Dizia, por exemplo, Demolombe que a lei era tudo, de tal modo que a função do jurista não consistia senão em extrair e desenvolver o sentido pleno dos textos, para aprender-lhes o significado, ordenar as conclusões parciais e, afinal, atingir as grandes sistematizações".[88] Em suma, o jurista deveria apenas aplicar a lei de acordo com a intenção original do legislador.[89]

Na Alemanha, a exemplo da Escola da Exegese, surgiu a Escola dos Pandectistas, mostrando-se um pouco mais flexível em virtude da inexistência de um Código Civil que, promulgado em 1896, somente entrou em vigor em 1900. Para Windscheid, a interpretação não deveria ser realizada levando-se em conta a intenção original do legislador, mas sua intenção possível, de acordo com os fatos que se mostrassem na época em que estivesse o intérprete situado.[90] Ainda assim, as decisões

---

intervenção de grupos sociais que temperam o individualismo em benefício do colectivismo. O Estado intervém cada vez mais nas relações entre particulares; ele protege, em certas circunstâncias, os economicamente fracos. Assiste-se àquilo que se tem chamado a 'publicização' do direito privado, ou seja, a absorção de parte do direito privado pelo direito público; ou ainda, a 'socialização' do direito privado pelo desenvolvimento que o direito social tomou".

[86] Idem, ibidem, p. 646.

[87] Cf. Miguel Reale. *Lições Preliminares de Direito*. 20ª ed. São Paulo: Saraiva, 1993, p. 277.

[88] Idem, ibidem,. p. 274.

[89] Idem, ibidem, p. 276.

[90] Idem, ibidem, p. 278-279.

deveriam ser derivadas de princípios deduzidos racionalmente, sem a consideração de aspectos éticos, políticos e econômicos, de modo que toda a situação jurídica posta em causa deveria ser enquadrada em um conceito.[91]

Sob essa influência individualista e legalista,[92] e sob forte influência da pandectística alemã,[93] foi promulgado o Código Civil de 1916, com a mesma pretensão de completude sistemática, de modo que "o intérprete sempre se situava no âmbito da lei, não se admitindo *interpretação criadora*, à margem da lei ou a despeito dela".[94]

Acresça-se o fato de que, no Brasil, a codificação do Direito Civil decorreu também da dificuldade imposta aos operadores do Direito, notadamente desde a proclamação da independência em 1822, porquanto vigoravam no País as Ordenações Afonsinas, Manuelinas e Filipinas, acompanhadas por três séculos de um emaranhado de legislações extravagantes de difícil compreensão e aplicação. A própria Constituição do Império de 1824 determinou a organização de um Código Civil, bem como de um Código Criminal, que atendessem especifi-

---

[91] Cf. Orlando Gomes. *Transformações gerais do direito das obrigações.* 2ª ed. São Paulo: RT, 1980, p. 3-4.

[92] Ao analisar a noção de sistema de Teixeira de Freitas, Judith Martins-Costa ("O sistema na codificação civil brasileira: de Leibniz a Teixeira de Freitas". *Revista da Faculdade de Direito da UFRGS v. 17*, Porto Alegre, 1999) demonstra o reflexo desse "sistema proposto pelos filósofos matemáticos da linha germânica", sistema este "deduzido da demonstração das verdades imanentes, às quais correspondem definições certas, relativas a proposições que se articulam internamente", na elaboração do Código Civil de 2002: "... a noção de sistema que, acolhida por Teixeira de Freitas, acabou – apesar de certos rumos desviantes – por restar espelhada no Código Civil de 1916, vendo-se refletida em alguma medida ainda hoje, no Projeto do Código Civil, em tramitação na Câmara dos Deputados... a unificação, no Projeto do Código Civil, hoje em tramitação, das obrigações civis e comerciais – unificação que resulta da 'idêntica substância' (como se diria em linguagem oitocentista) destas atividades, centradas que estão na categoria geral do negócio jurídico – constitui eloqüente traço do legado sistemático que nos transmitiu".

[93] Cf. Cláudia Lima Marques. "Cem anos de Código Civil Alemão: o BGB de 1896 e o Código Civil Brasileiro de 1916". *Revista da Faculdade de Direito da UFRGS v. 13/14*, Porto Alegre, 1997.

[94] Miguel Reale. *op. cit.* p. 279.

camente às necessidades brasileiras, providência que urgia diante da total ausência de sistematicidade e ordem da legislação vigente.[95]

Dessa forma, o Código Civil de 1916 nasce sob as vestes históricas do liberalismo e do legalismo, onde convertidos os postulados racionalistas em positivismo jurídico, sendo, como as demais codificações da época, destinado à perenidade, principalmente devido ao legado de sistematização da pandectística.[96]

Assim interpretou a conservadora doutrina pátria o Código Civil de 1916, de acordo com postulados da pandectística alemã, realizando "simples subsunção de regras formais do Código, enquanto sistematização exaustiva das possibilidades da regulação interprivada".[97] O novo Código Civil, no entanto, não deve ser interpretado sob essa perspectiva de completude sistemática, devendo ser atendidos o conteúdo axiológico da Constituição[98] e a juridicidade de seus princípios,[99] caracterizando a instrumentalidade do Direito na busca da efetiva justiça material.[100]

No contexto que se apresenta, a teoria da Constituição e da juridicidade de seus princípios é correlata à teoria dos direitos fundamentais, de modo que qualquer interpretação da Constituição está ligada à interpretação dos direitos fundamentais, por meio da devida hierarquização axiológica, acompanhada pelos elementos so-

---

[95] Cf. Caio Mário da Silva Pereira. *Instituições de Direito Civil v. I*. 14ª ed. São Paulo: Saraiva, 1993, p. 60.

[96] Cf. Almiro do Couto e Silva. "Romanismo e germanismo no Código Civil Brasileiro". *Revista da Faculdade de Direito da UFRGS v. 13/14*, Porto Alegre, 1997.

[97] Ricardo Aronne. *op. cit.* p. 22.

[98] Karl Larenz. *op. cit.* p. 228: "Missão do jurista é antes do mais preocupar-se com a salvaguarda dos princípios do Estado de Direito, bem como com o evitar contradições de valoração indesejáveis ou que conduzem a 'efeitos subsequentes' gravosos em outros domínios jurídicos".

[99] Cf. Ricardo Aronne. *op. cit.* p. 36.

[100] Idem, ibidem, p. 23 – 24.

ciais e políticos inerentes ao Estado Democrático de Direito, decorrendo da teoria material da Constituição a eficácia de suas regras.[101]

Para Paulo Bonavides, a teoria material da Constituição faz com que esta se aproxime mais da realidade, contrapondo-se ao legalismo positivista, sendo tratada não apenas como lei, mas, sobretudo, como Direito, atrelando a tarefa hermenêutica aos princípios e valores e, portanto, aos direitos fundamentais.[102]

Por essa hermenêutica "concretizante" da Constituição, os direitos fundamentais são erigidos à categoria de princípios, compondo o ápice do ordenamento jurídico.[103] Sua incidência não é limitada às relações entre Estado e cidadãos, pelo que afirma Peter Häberle não possuírem os direitos fundamentais eficácia em função das leis, mas a eficácia destas determinada em função daqueles.[104]

Essa hermenêutica dos direitos fundamentais é devida também à transição do Direito Constitucional de uma dimensão subjetiva para uma objetiva, com conseqüente superioridade hierárquica de suas normas. Se-

---

[101] Cf. Paulo Bonavides. *op. cit.* p. 581.

[102] Idem, ibidem, p. 582: "Quando trasladado, porém, ao campo do Direito Público, esse formalismo positivista intentava equiparar a Constituição à lei, como se fossem ambas dotadas da mesma estatura, natureza e substância. Tratar a Constituição exclusivamente como lei é de todo impossível. Constituição é lei, sim, mas é sobretudo direito, tal como reconhece a teoria material da Constituição. Compreendê-la como direito, e não apenas como lei, ao revés, portanto, do que fazia o positivismo legalista, significa, enfim, desatá-la dos laços silogísiticos e dedutivistas, que lhe embargavam a normatividade e confinavam, pelo seu teor principal, ao espaço da programaticidade destituída de juridicidade".

[103] Idem, ibidem, p. 588.

[104] Idem, ibidem, p. 596. Essa interpretação marca a passagem do primeiro Estado de Direito, o legal, para o segundo Estado de Direito, o constitucional, assentado sobre as bases das quatro gerações de direitos fundamentais, que "culminam com o direito à democracia" (p. 596). Portanto, a teoria dos direitos fundamentais é "fundada em sua efetividade" (p. 597), efetividade que reside na pluralidade de intérpretes. A interpretação dos direitos fundamentais, pois, deve guiar os resultados hermenêuticos para "a razão e a justiça ou para o bem comum" (p. 598).

gundo Canotilho, "o direito constitucional caracteriza-se pela sua *posição hierárquico-normativa superior* relativamente aos outros ramos do direito".[105] Como conseqüência, o Direito Ordinário converte-se em Direito Constitucional concretizado. Negativamente, as normas de Direito Constitucional impõem limites às normas inferiores, enquanto, positivamente, regulam seu conteúdo, obtendo não somente uma conformidade formal, mas material.[106] Assim, o Direito Civil, conforme exemplo utilizado por Canotilho, não pode ser considerado ramo autônomo em face do Direito Constitucional, porque não pode afastar-se dos princípios e normas constitucionais que regulam o Direito Privado.[107]

O resultado determinante dessa conformação hermenêutica e interpretativa das regras e normas de Direito Privado com as determinações superiores de Direito Constitucional é a concretização dos direitos fundamentais, enquanto legitimadores das relações jurídicas, não somente havidas entre Estado e particulares, mas também interprivadas.

O novo Código Civil deve ser interpretado em conformidade com os preceitos e princípios constitucionais[108] e em consonância com a hermenêutica concretizante da Constituição, visando à preservação dos

---

[105] J. J. Gomes Canotilho. *op. cit.* p. 141.

[106] Idem, ibidem,. p. 143.

[107] Idem, ibidem, passim.

[108] Gustavo Tepedino. "Os 15 anos da Constituição e o direito civil". *Revista Trimestral de Direito Civil* v. 14, Rio de Janeiro, 2003: "Não há civilista que negue abertamente a eficácia normativa da Constituição e sua serventia para, ao menos de modo indireto, auxiliar a interpretação construtiva da norma infraconstitucional. Subsiste, no entanto, com inquietante freqüência, uma postura cultural bizarra, consistente na adaptação dos princípios constitucionais às regras codificadas – e não o contrário -; o que acaba por negar, malgrado o reconhecimento retórico, o papel normativo da Constituição. Tal comportamento metodológico parece intensificar-se com a promulgação do novo Código Civil, que afinal representaria, para os nostálgicos do iluminismo, uma reconstrução de um sistema fechado e auto-suficiente, uma nova síntese 'constitucional' das relações de direito privado".

direitos fundamentais. Porém, imperioso suscitar-se questão tocante ao grau de eficácia dos direitos fundamentais nas relações interprivadas, tendo-se em vista que, originariamente, foram concebidos como instrumentos de proteção do indivíduo perante o Estado.[109]

É no âmbito das relações interprivadas que a discussão sobre a eficácia dos direitos fundamentais ganha contornos controversos,[110] ainda que, de um modo geral, admita a doutrina[111] que produzam efeitos ao menos em determinado grau.

Segundo a teoria de Nipperdey e Leisner, os direitos fundamentais possuem eficácia direta ou imediata, prescindindo de transformação para sua aplicação, sendo oponíveis a outros particulares, gerando direito subjetivo à indenização na hipótese de sua ofensa ou violação.[112]

---

[109] José Carlos Vieira de Andrade. *op. cit.* p. 273: "Os direitos fundamentais eram vistos, deste modo, como um *instituto específico* das relações entre o indivíduo e o Estado, consagrando com um fim determinado: a salvaguarda da liberdade individual e social".

[110] Claus-Wilhelm Canaris ("A influência dos direitos fundamentais sobre o direito privado na Alemanha". *In* SARLET, Ingo Wolfgang [org.]. *op. cit.*) aponta que em praticamente todos os ordenamentos jurídicos modernos estabelece-se a discussão acerca da relação entre os direitos fundamentais e o Direito Privado, pelo fato de os direitos fundamentais "enquanto parte da Constituição, terem um grau mais elevado na *hierarquia das normas* do que o Direito Privado". Em contrapartida, afirma Canaris que a Constituição habitualmente não regula as relações interprivadas, o que consiste "tarefa específica do Direito Privado, que desenvolveu nesse empenho uma pronunciada autonomia com relação à Constituição... Disso resulta uma certa relação de tensão entre o grau hierárquico mais elevado da Constituição, por um lado, e a autonomia do Direito Privado, por outro".

[111] Juan María Bilbao Ubillos. "En qué medida vinculam a los particulares los derechos fundamentales?". *In* SARLET, Ingo Wolgang [org.]. *op. cit.* p. 308: "Son cada vez menos los autores que niegan la relevancia de los derechos fundamentalres en la esfera del Derecho Privado. Pero todavía hay quien considera que esa extensión, contra natura, del ámbito tradicional de aplicación de los derechos constitucionales es innecesaria. Para este sector, la fórmula de la 'Drittwirkung' es inútil, porque podrían alcanzarse los mismos resultados mediante los tradicionales instrumentos del Derecho civil".

[112] Cf. Ingo Wolfgang Sarlet. "Direitos fundamentais e direito privado: algumas considerações em torno da vinculação dos particulares aos direitos fundamentais". *In* SARLET, Ingo W. [org.] *A Constituição concretizada: construindo pontes com o público e o privado.* Porto Alegre: Liv. do Advogado, 2000, p. 122.

Nipperdey sustenta que já na sociedade do século XX os direitos fundamentais estavam sujeitos à violação não somente por parte do Estado, mas também por parte dos grupos sociais detentores do poder social e econômico.[113] Ao demais, como esclarece José Carlos Vieira de Andrade, os direitos fundamentais são normas de valor que "devem valer para *toda* a ordem jurídica, isto é, também para o direito privado",[114] preservando o livre desenvolvimento da personalidade dos indivíduos integrados em sociedade.[115]

Já a doutrina preconizada por Dürig sustenta que a eficácia direta dos direitos fundamentais nas relações interprivadas "acabaria por gerar uma estatização do direito privado e um virtual esvaziamento da autonomia privada".[116] Para Juan María Bilbao Ubillos, a teoria da eficácia indireta ou mediata apresenta-se como uma solução intermédia entre a ineficácia e a eficácia direta:

> "La teoría de la eficacia mediata o indirecta, por la que se decanta buena parte de la doctrina, es una solución intermedia que trata de sortear los escollos de orden dogmático que han venido dificultando el reconocimiento general de la 'Drittwirkung' en su versión pura. Esto se consigue condicionando la operatividad de los derechos fundamentales en el campo de las relaciones privadas a la mediación de un órgano del Estado, que además de estar vinculado directamente a estos derechos ha de ser consecuente con el deber de protección que se deriva de la dimensión objetiva de los derechos fundamentales. Se requiere concretamente la intervención del legislador o la recepción a través del juez, en el momento de interpretar la norma aplicable al caso.

---

[113] Cf. José Carlos Vieira de Andrade. *op. cit.*
[114] Idem, ibidem, passim.
[115] Idem, ibidem, passim.
[116] Ingo Wolfgang Sarlet. *op. cit.* p. 123.

Lo que se discute es justamente cuál de las dos vías, la legislativa o la jurisdiccional, tiene carácter preferente".[117]

Pela teoria de Dürig, os direitos fundamentais são normativizados de forma indireta, através das cláusulas gerais e dos conceitos indeterminados,[118] ficando sua transformação a cargo do legislador e dos órgãos judiciais, por meio de uma interpretação conforme os direitos fundamentais.[119]

A discussão, no entanto, pode ser concebida de forma diversa, o que permite, diante dos elementos de um sistema jurídico aberto, buscar-se a maior efetividade dos direitos fundamentais nas relações interprivadas.

A dogmática contratual tem como princípios básicos a autonomia privada, o consensualismo e *o pacta sunt servanda*. A própria Constituição Federal, em seu art. 3°, elenca como um dos objetivos da República a construção de uma sociedade livre.

No entanto, para que a autonomia privada e a liberdade sejam justificadas e preservadas,[120] se faz necessário intervenção no âmbito interprivado e contratual, a fim de assegurar, em certa medida, o respeito aos direitos fundamentais.[121]

---

[117] Juan María Bilbao Ubillos. *op. cit.*
[118] Cf. José Carlos Vieira de Andrade. *op. cit.*
[119] Cf. Ingo Wolfgang Sarlet. *op. cit.* p. 123.
[120] Conforme Dworkin (*op. cit.*), a dignidade e a igualdade, enquanto valores, podem ser protegidas por justificativas de cunho utilitarista. Contudo, como as violações a esses valores representam "crimes morais especiais" (p. 305), o tratamento que a eles deve ser dispensado está além do alcance da justificativa utilitarista comum. Dessa forma, se pode afirmar a necessidade da conformação dos valores, afastando-se contradições indesejáveis, por meio dos postulados tópico-sistemáticos.
[121] Os efeitos dos princípios basilares da dogmática contratual restam mitigados. As disposições de ordem pública do Código de Defesa do Consumidor, por exemplo, não só mitigam como suprimem os efeitos do brocardo *pacta sunt servanda*, desonerando o consumidor do cumprimento das obrigações contratuais, como nas hipóteses dos arts. 46 e 51.

Nesta senda, é possível traçar-se um paralelo entre a noção de autonomia privada e as classificações de liberdade[122] propostas por Dworkin, estabelecendo-se a noção de liberdade que deve ser preservada pelos direitos fundamentais.

Para Dworkin, liberdade como licença é o "grau em que uma pessoa está livre das restrições sociais ou jurídicas para fazer o que tenha vontade",[123] enquanto liberdade como independência é "o *status* de uma pessoa como independente e igual".[124]

Neste paralelo, no sistema de pretensa completude codicista, a autonomia privada corresponderia à liberdade como licença, podendo as partes livremente estipular o conteúdo do contrato, sendo livres para auto-regulamentar seus interesses, escolhendo livremente, ainda, o outro contratante.[125] Já a igualdade formal corresponderia à liberdade como independência, pois as partes somente podem, de forma livre, no limite de suas vontades, obrigar-se e estabelecer o conteúdo da avença, na medida em que são independentes e, por isso, iguais entre si.

Transpondo-se esse paralelo para o âmbito de um sistema jurídico aberto, de estrutura dialógica, dialética

---

[122] Maria Celina Bodin de Moraes. "O conceito de dignidade humana: o substrato axiológico e conteúdo normativo". In Sarlet, Ingo Wolfgang [org.]. *op. cit.*: "Liberdade e autonomia privada foram, durante muito tempo, consideradas, do ponto de vista do direito civil, como conceitos sinônimos. De fato, era muito simples traduzir uma pela outra quando se estava referindo apenas à igualdade formal, no âmbito de situações patrimoniais; simples, porque se dava ao indivíduo, a todo e qualquer indivíduo, amplo poder de disposição, desde que, evidentemente, ele possuísse bens para contrartar, bens para testar, bens para adquirir, bens para dividir. Nesse universo, era o Código Civil que fazia as vezes de Constituição, estipulando as regras do jogo e propiciando, através delas, plena liberdade àquele que representava o valor fundamental da época liberal: o indivíduo livre e igual, submetido não mais do que à sua própria vontade".

[123] Ronald Dworkin. *op. cit.* p. 404.

[124] Idem, ibidem, passim.

[125] Cf. Luiz Edson Fachin. *Teoria crítica do direito civil*. Rio de Janeiro: Renovar, 2000, p. 209.

e plural, onde a concreção dos preceitos constitucionais visa à realização efetiva da justiça no caso concreto, a idéia de liberdade como independência, para legitimar a noção de liberdade como licença, melhor se justifica se correlacionada com a almejada igualdade material.

A igualdade material é alcançada por meio de intervenção no domínio contratual, visando à preservação dos direitos fundamentais. A pretensa igualdade formal, nos moldes do positivismo legalista, somente se verifica no nível do imaginário, no dizer de Clèmerson Merlin Clève, perseguindo-se "a atomização dessa sociedade marcada pela existência de indivíduos em situações desiguais por meio da ficção da igualdade jurídica".[126]

A intervenção nas relações de Direito Privado, impondo-se limites justificados sistematicamente, promove, além da igualdade material, a proteção dos direitos fundamentais, mesmo porque, à configuração de um Estado Democrático de Direito, imprescindível o comprometimento constitucional do poder estatal com a realização dos direitos fundamentais.[127]

As legislações consideradas modernas, como o Código do Consumidor e o próprio Código Civil de 2002, retratam[128] o rigor da matéria protetiva ao contratante

---

[126] Clèmerson Merlin Cléve. *O direito e os direitos: elementos para uma crítica do direito contemporâneo*. 2ª ed. São Paulo: Max Limonad, 2001, p. 125.

[127] Cf. Julio Cesar Finger. "Constituição e direito privado: algumas notas sobre a chamada constitucionalização do direito civil". *In* SARLET, Ingo Wolfgang [org.] *op. cit.*

[128] Importante salientar que as novas legislações não moldaram o sistema, trazendo ao ordenamento novos princípios de possível incidência e regulação das relações contratuais; ao revés, as novas legislações foram editadas em consonância com os postulados sistemáticos e constitucionais, a eles amoldando-se, inclusive com a inserção de cláusulas gerais. O novo Código Civil, portanto, não inova no Direito Privado geral ao incorporar princípios como da boa-fé objetiva e da função social dos contratos, por meio de cláusulas gerais, porquanto são princípios que compõem a própria estrutura do sistema aberto. Falar, por exemplo, em convergência principiológica entre o Código do Consumidor e o novo Código Civil é 'chover no molhado', pois a convergência resulta da própria unidade e ordenação do sistema, não de mera determinação legislativa.

vulnerável, visando à proteção e eficácia, ainda que indireta, dos direitos fundamentais, "porque diante da abertura do sistema jurídico há sempre que se compreender as normas civilísticas como passíveis de sofrer o 'efeito irradiante' dos direitos fundamentais".[129]

Dessa forma, é possível se afirmar que, ao contrário da teoria de Dürig, a eficácia direta dos direitos fundamentais no âmbito das relações interprivadas não "esvazia" a autonomia privada, mas, paradoxalmente, a preserva.

A autonomia privada somente é preservada quando preservada a liberdade dos indivíduos – no sentido de liberdade como independência proposto por Dworkin,[130] correlato à noção de igualdade material.

Para tanto, os direitos fundamentais devem ser preservados por meio de uma hermenêutica concretizante que lhes confira o máximo de eficácia, pois sua violação implica violação ao princípio da igualdade.[131] Conseqüentemente, se a eficácia direta dos direitos fundamentais preserva a liberdade e a igualdade material dos indivíduos nas relações interprivadas, não gera "esvaziamento" da autonomia privada, porquanto os indivíduos serão livres para fazer o que tenham vontade (liberdade como licença) somente se preservada sua igualdade material (liberdade como independência), por meio da própria oponibilidade, direta, dos direitos fundamentais. Em síntese, a autonomia privada, em perspectiva tópico-sistemática, é preservada pela própria eficácia direta dos direitos fundamentais.

A controvérsia, no entanto, perdura diante do entendimento de que é possível obter-se idênticos resultados concretos por meio de uma construção jurídica

---

[129] Julio Cesar Finger. *op. cit.*
[130] Cf. supra.
[131] Vide nota nº 77.

baseada em uma ou outra teoria sobre a eficácia dos direitos fundamentais.[132]

Pela teoria da eficácia indireta ou mediata de Dürig, os direitos fundamentais exigem uma atividade interpretativa para sua aplicação, pois

> "... apenas poderiam ser aplicados no âmbito das relações entre particulares após um processo de transmutação, caracterizado pela aplicação, interpretação e integração das cláusulas gerais e conceitos indeterminados do direito privado à luz dos direitos fundamentais, falando-se, neste sentido, de uma recepção dos direitos fundamentais pelo direito privado".[133]

Lembrando Canotilho,[134] Ingo Sarlet defende a eficácia direta dos direitos fundamentais nas relações entre particulares, com a ressalva de que sua aplicação não se dá de forma uniforme, também exigindo atividade interpretativa:

> "... no âmbito da problemática da vinculação dos particulares, as hipóteses de um conflito entre os direitos fundamentais e o princípio da autonomia

---

[132] Ronald Dworkin. *op. cit.*, p. 434: "Daí não se segue, por certo, que a tese de que 'não há resposta correta' esteja errada. Se alguma teoria filosófica nos forçar a admitir que uma proposição só pode ser verdadeira se houver um critério consensual de verificação mediante o qual sua verdade possa ser demonstrada, tanto pior para a experiência comum, inclusive para a experiência jurídica comum. Felizmente, porém, a situação é totalmente outra. O argumento teórico não é tão imperioso que nos force a rejeitar a experiência comum. Ao contrário, nem fica claro o que significa a tese de que 'não há resposta correta' tal como a interpreta o argumento teórico".

[133] Ingo Wolfgang Sarlet. *A eficácia...* p. 357.

[134] J. J. Gomes Canotilho. *op. cit.*, p. 607: "O problema da eficácia dos direitos, liberdades e garantias na ordem jurídica privada tende hoje para uma superação da dicotomia eficácia mediata/eficácia imediata, a favor de soluções diferenciadas que tenham em conta: ... b) a necessidade de se tomar em consideração a multifuncionalidade ou pluralidade de funções dos direitos fundamentais, de forma a possibilitar soluções diferenciadas e adequadas, consoante o 'referente' de direito fundamental que estiver em causa no caso concreto".

privada pressupõem sempre uma análise tópico-sistemática, calcada nas circunstâncias específicas do caso concreto".[135]

Tanto à aplicação indireta como direta dos direitos fundamentais é necessário atividade interpretativa, seja pela interpretação das cláusulas gerais e conceitos indeterminados (eficácia indireta), seja por meio de interpretação tópico-sistemática do caso concreto (eficácia direta). Porém, a distinção teórica das eficácias acaba por criar entraves à efetiva realização dos direitos fundamentais.

Para garantir-se verdadeira eficácia aos direitos fundamentais, mister se faz o afastamento dos métodos interpretativos da hermenêutica clássica, segundo a qual a interpretação deve ser realizada por partes. A junção dos momentos interpretativos em um só pode ser justificada ontologicamente, em face da pré-compreensão oriunda da circularidade hermenêutica, com superação da dicotomia sujeito/objeto.

> "Não é desarrazoado afirmar, nesse diapasão, que os assim denominados métodos ou técnicas de interpretação tendem a objetificar o Direito, impedindo o questionar originário da pergunta pelo sentido do Direito em nossa sociedade. A própria noção de *círculo hermenêutico* – idéia chave da hermenêutica filosófica – *no interior do qual o intérprete fala e diz o ser na medida em que o ser se diz a ele, e onde a compreensão e explicitação do ser já exige uma compreensão anterior (antecipação de sentido, porque o sentido é antecipado sempre por um sentido que é trazido pelo Dasein, que é pré-ontológico)* – é (absolutamente) incompatível com a dita 'autonomia' de métodos ou técnicas de interpretação e/ou de seu desenvolvimento em partes ou fases".[136]

---

[135] Ingo Wolfgang Sarlet. *op. cit.*, p. 361.

[136] Lenio Luiz Streck. *Jurisdição Constitucional e Hermenêutica: uma Nova Crítica do Direito.* Porto Alegre: Livraria do Advogado, 2002, p. 208.

Dessa forma, se na circularidade hermenêutica espiraliforme o intérprete, por uma antecipação de sentido, ao interpretar a legislação infraconstitucional, traz consigo o sentido da Constituição,[137] essa mesma atividade hermenêutica é imprescindível na interpretação dos direitos fundamentais, na busca de sua máxima eficácia.

Partindo-se, portanto, da premissa de que prejudicial à efetiva realização dos direitos fundamentais a discussão acerca de sua carga eficacial, por obter-se idêntico resultado concreto por sua aplicação direta ou indireta, é pertinente, como fez Dworkin em sua obra *A matter of principle*, perquirir se realmente nos casos difíceis, como o que se apresenta, não existe uma resposta correta: *"Is there really no right answer in hard cases?"*.[138]

Acompanhando o eminente jusfilósofo, pode-se afirmar que existe uma resposta mais correta aos casos difíceis. Para tanto, em face da discussão proposta, é preciso ser considerada a existência de uma variável que, embora pareça um tanto óbvia e singela, não é aventada quando se atribui, pelas mais diversas razões, eficácia direta ou indireta aos direitos fundamentais nas relações interprivadas.

Dworkin distingue duas versões sobre a tese de que não existe resposta correta aos casos difíceis. A primeira

---

[137] Idem, ibidem, p. 180/181: "Do mesmo modo, o intérprete não se depara com um texto infraconstitucional 'nu', 'carente' do sentido da Constituição. Como veremos mais adiante, a Constituição é (também) um existencial. *Faz parte do modo-de-ser-no-mundo (autêntico ou inautêntico) do jurista/intérprete.* Isso significa poder afirmar que o próprio sentido de validade de um texto jurídico tem um caráter ontológico (no sentido da diferença ontológica de que fala Heidegger). Ou seja, se ele somente tem sentido (válido) se estiver de acordo com a Constituição, ontologicamente *esse sentido exsurgirá da antecipação do sentido proporcionado pelo movimento da circularidade, onde o ser (o sentido) somente é ser-em,* isto é, o ser é sempre o ser de um ente. Nem o texto infraconstitucional pode ser visto apartado do sentido da Constituição e nem esta (a Constituição) pode ser entendida como se fosse um 'ser sem o ente' (uma 'categoria' ou uma 'premissa')".

[138] Ronald Dworkin. *A matter of principle*. Ninth printing. Cambridge, Massachusetts: Harvard University Press, 2000, p. 119.

versão sugere que não existe uma variante entre duas proposições que se presumem verdadeiras, que não há um *logical space* entre elas, porque não considera a possibilidade de ambas serem falsas. A segunda versão, mesmo sugerindo a possibilidade de ambas proposições serem incorretas, não admite uma terceira possibilidade.

> "I can now state the ambiguity latent in the thesis that in some cases a question of law has no right answer. We may distinguish two versions of that thesis. The first version argues that the surface linguistic behavior of lawyers just described is misleading because it suggest that there is no logical space between the proposition that a contract is valid and the proposition that it is not valid; that is, because it does not contemplate that both propositions may be false. The second version of the no-right-answer thesis, on the other hand, does not suppose that there is any logical space, in that sense, between the propositions that a contract is valid and that is not valid. It does not suppose that there is any third possibility, and yet it denies that one of the two available possibilities always holds, because it may not be truth that either does".[139]

Ao debate proposto, relevante se mostra a primeira versão da tese de que não existe resposta correta aos casos difíceis, considerando-se que não há consenso doutrinário quanto à eficácia dos direitos fundamentais, se direta ou indireta, de modo que ambas as proposições podem ser, presumivelmente, consideradas verdadeiras.

Em face dessa concepção, poder-se-ia afirmar que, na verdade, ambas as proposições, a de que os direitos fundamentais possuem eficácia direta e a de que os direitos fundamentais possuem eficácia indireta, são falsas.

---
[139] Idem, ibidem, p. 120 – 121.

A resposta correta não residiria na teoria de Nipperdey ou na teoria de Dürig, mas em uma terceira proposição, justificável na circularidade hermenêutica espiraliforme do sistema jurídico aberto, onde o intérprete, ao interpretar a legislação infraconstitucional, traz consigo, antecipadamente, o sentido da Constituição.

Essa terceira proposição ocuparia um *logical space* entre as proposições de eficácia direta e indireta dos direitos fundamentais, sendo por isso uma proposição independente das demais, não aventada por se considerar apenas a possibilidade de uma das duas primeiras estarem corretas.

> "In each case both propositions may be false because in each case they do not exhaust the logical space they occupy; in each case there is a third independent possibility that occupies the space between the other two. On this first version of the thesis, the question 'Is Tom's contract valid or invalid?' makes a mistake like the one that the question 'Is Tom a young man or an old man?' makes. The latter question may have no right answer because it ignores a third possibility, which is that Tom is a middle-aged man. According to this first version, the legal question also ignores a third possibility, which is that an exchange of promises may constitute neither a valid contract, such that judges have a duty to enforce the exchange, nor a contract that is not valid, with the consequence that judges have a duty not to enforce it, but something else that might be called, for example, an 'inchoate' contract".[140]

Ambas proposições, de eficácia direta e indireta dos direitos fundamentais, negam, com efeito, uma terceira possibilidade que ocupa o *logical space* que existe entre as duas, o que as torna, por isso, falsas. Pela terceira

---

[140] Idem, ibidem, passim.

proposição, os direitos fundamentais possuiriam simplesmente eficácia, não se fazendo distinção entre eficácia direta e indireta.

Na circularidade hermenêutica espiraliforme do sistema jurídico aberto, onde imprescindível a hierarquização axiológica dos princípios que, no caso concreto, se apresentem em colisão, à luz do princípio da proporcionalidade,[141] a eficácia dos direitos fundamentais se manifestará diferentemente em diferentes casos e diferentes contextos históricos.[142]

Assim, em alguns casos, a aplicação dos direitos fundamentais gerará direito subjetivo, enquanto em outros casos não, elidindo a necessidade de distinção entre eficácia direta ou indireta, pois o papel do intérprete, no Estado Democrático de Direito, é o de conferir a maior efetividade possível aos direitos fundamentais.[143]

> "Além do mais, essa maneira de encarar os direitos evita alguns dos conhecidos paradoxos associados com esse conceito. Permite-nos afirmar, sem que soe estranho ou bizarro, que os direitos podem variar em força e características de um caso para outro e de um momento a outro na história. Se pensarmos nos direitos como coisas, essas meta-

---

[141] Juarez Freitas (*op. cit.*) empresta sentido diverso ao princípio da proporcionalidade, além da simples noção de adequação meio/fim: *"Proporcionalidade significa, sobremodo, sacrificar o mínimo para preservar o máximo de direitos fundamentais.* Com efeito, o princípio da proporcionalidade quer dizer finalística e essencialmente isto: fazer concordar os valores e princípios jurídicos e, quando um tiver que preponderar sobre outro, mister salvaguardar, justificadamente, o que restou relativizado, preservando, no íntimo, os valores em colisão" (p. 194 – 195).

[142] A terceira proposição que considera tenham os direitos fundamentais apenas eficácia, não se distinguindo entre eficácia direta e indireta, não é axiomática, atemporal ou ahistórica, porque exige do intérprete, em face do princípio da proporcionalidade, da interpretação conforme a Constituição e da antecipação de sentido da Constituição, buscar sempre a interpretação que maior carga eficacial confira aos direitos fundamentais no caso concreto, preservando o máximo dos valores que restarem relativizados.

[143] Vide nota 127.

morfoses parecem estranhas, mas estamos acostumados à idéia de que os juízos morais sobre o que é certo ou errado são complexos e afetados por considerações que são relativas e mutáveis".[144]

O Direito é mutável, variando de força e característica de acordo com o momento histórico. Diferentemente não ocorre com os direitos fundamentais. Seus fundamentos não são absolutos, sendo determinados no caso concreto, em face de condições sociais e históricas que para tanto concorram.[145]

Portanto, em oposição direta entre direitos fundamentais, um direito fundamental pode ser relativizado diante de outro, sem perder sua qualificação de direito fundamental.[146]

O próprio sistema oferece todas as possibilidades para se atingir a máxima eficácia dos direitos fundamentais. Permite uma limitada construção com base em cláusulas gerais, bem como uma construção fundada nos postulados sistemáticos, na ubiqüidade principioló-

---

[144] Ronald Dworkin. *Levando os direitos...* p. 218.

[145] Cf. Paulo G. G. Branco *et. alli. Hermenêutica constitucional e direitos fundamentais.* Brasília: Brasília Jurídica, 2000. p. 114.

[146] Idem, ibidem, p. 120 – 121: "Em sistemas aparentados ao nosso, tornou-se pacífico que os direitos fundamentais podem sofrer limitações, quando enfrentam outros valores de ordem constitucional, inclusive outros direitos fundamentais... A leitura da Constituição brasileira mostra que essas limitações são, às vezes, expressamente previstas no Texto. Até o elementar direito à vida tem limitação explícita no inciso XLVII, 'a', do art. 5º, em que se contempla a pena de morte em caso de guerra declarada. O direito de propriedade, de seu turno, encontra limitações tanto para a proteção de direitos ambientais, como para atender a funções sociais, inclusive admitindo-se a desapropriação. A exemplo dos sistemas jurídicos em que se abebera o direito brasileiro, portanto, não há, em princípio, que se falar, entre nós, em direitos absolutos. Tanto outros direitos fundamentais, como outros valores com sede constitucional podem limitá-los". Em nota de rodapé (nº 27, p. 121), faz o autor, no entanto, a ressalva apresentada por Bobbio de que o direito a não ser escravizado seria absoluto, acrescendo, ainda, como absoluto, o direito a não ser submetido a penas cruéis, previsto no art. 5º, XLVII, 'e', da CF. Entretanto, quanto a esse direito, é possível suscitar-se a dúvida se a pena de morte, quando admitida em casos de guerra, seria ou não uma pena cruel, hipótese em que se desconfiguraria seu caráter absoluto.

gica e na antecipação de sentido do intérprete na circularidade da hermenêutica espiraliforme.

Por oportuno, é de se lembrar que não há espaço para a arbitrariedade do intérprete[147] na tecitura aberta de um sistema jurídico dialético. Na própria elasticidade do sistema aberto está sua resistência.

"Numa perspectiva mais profunda e realista, o Direito abre para sistematizar e sistematiza para abrir. Tudo se passa como se a ordem jurídica, em cada instância e instante, prendesse e liberasse o intérprete: a tarefa do sistema é impedir que a abertura se transforme num vórtice de indeterminação e da abertura, por sua vez, obstar que o sistema se converta num buraco negro. Onde a malha normativa os libera ('discricionariedade'), o catálogo principiológico os vigia ('discricionariedade vinculada'), pois quando a lei se ausenta, o Direito se faz presente, tornando palpável que quanto mais empalidecem o objetivismo formalista e o subjetivismo desconstrutivista, tanto mais se destaca o reconhecimento da apontada e originária imbricação entre sistema e abertura".[148]

O papel do intérprete, nas portas do século que adentra, é o de construir um modelo que garanta a efetividade dos direitos fundamentais, deixando para trás a nefasta e indesejável dogmática em que o novo é encarado com os olhos do velho.[149] E o novo não é o advento do Código Civil. Embora instaurada nova ordem em 1988, o próprio ente constitucional é ainda carente de plena realização.

---

[147] Juarez Freitas. *op. cit.* p. 179: "Nesta ordem de considerações, convém ter nítido que *interpretar é fundamentar*, teleologicamente, no sistema, sobretudo para que este ganhe fôlego a partir de uma visão enriquecida quanto à pluralidade de suas vigas-mestras, para além das estreitezas unilaterais que colocam em risco a própria manutenção da estrutura positiva".

[148] Alexandre Pasqualini. *op. cit.*, p. 53.

[149] Cf. Lenio Luiz Streck. *op. cit.*, p. 188.

Manter-se, por isso, na codificação o eixo central do Direito Privado,[150] é renovar-se o cenáculo dos oitocentos.[151] "Deve-se, pois, tomar o cuidado de não ser vertida uma dogmática engessante, do qual é auspiciosa uma nova codificação. O viés hermenêutico continua apto ao reconstruir do *status quo*".[152] A efetiva mudança de paradigma pressupõe o despir-se das vestes enclausurantes da codificação centralizadora e da proliferação de microssistemas não imantados pelo ente constitucional. O esforço hermenêutico, diz Gustavo Tepedino, significa a abertura do sistema, não seu fechamento, de onde valorosa a lição de que o intérprete não deve deixar-se levar pela novel codificação, imaginando nela "um microclima de conceitos e liberdades patrimoniais descomprometidas com a legalidade constitucional".[153]

---

[150] Luiz Edson Fachin. *et alli*. "Direitos fundamentais, dignidade da pessoa humana e o novo Código Civil: uma análise crítica". *In* Sarlet, Ingo Wolfgang [org.]. *Constituição, Direitos Fundamentais e Direito Privado*: "O aspecto fundamental em que a análise será centrada é a questão da Parte Geral do Código Civil, de modo que se possa aferir o alcance de sua repercussão na excessiva abstração em que mergulhou o Direito Civil tradicional, e de como essa abstração pode constituir empecilho à concretização dos direitos fundamentais na dimensão das relações interprivadas".

[151] Gustavo Tepedino. *op. cit*.: "Todas as quatro críticas, embora respeitáveis, relacionam-se com uma realidade inteiramente obsoleta, pressupondo o cenário característico da codificação do Século XIX: delineava-se, então, uma clara dicotomia entre o direito público e o direito privado, este destinado à sublimação da autonomia da vontade".

[152] Ricardo Aronne. "Titularidades e apropriação", *In* Sarlet, Ingo Wolfgang, *op. cit*.

[153] Gustavo Tepedino. *op. cit*.

5. Superação dos microssistemas e da necessidade de uma codificação centralizadora de Direito Privado

A dialética do sistema aberto exige do intérprete posição crítica, visando a operar reais efeitos ao Direito, enquanto instrumento próprio de justiça, em detrimento de mera subsunção de regras.[154] Vale lembrar, como aponta Hoester, a inegável mácula do positivismo jurídico, ao pressupor o Direito ausente de valorações, de modo que normas injustas ou imorais seriam também Direito em uma determinada sociedade.[155]

Não é outro que a justiça o critério de validade de uma norma jurídica. A construção de sistemas axiomáticos rompe com o desenvolvimento próprio do Direito, enquanto resultante de processo criativo e dialético. Seja em macro ou microssistemas, os "delírios metafísicos"[156]

---

[154] Karl Larenz. *op. cit.* p. 182: "Os autores até agora referidos compartilham sem excepção da idéia de que o processo de uma dedução da maior parte das decisões a partir da lei por meio de uma subsunção lógica (da situação de facto sob a previsão de uma norma legal) ou é geralmente inadequado ou então só lhe reconhecem um significado mínimo. O ponto fulcral pelo menos do achamento do Direito, mas também da justificação da decisão, reside para eles em outras ponderações do juiz, que se prendem sempre com juízos de valor".

[155] Cf. Norbert Hoester. *Apud* Marcelo Campos Gallupo. "O Direito Civil no contexto da superação do Positivismo Jurídico: a questão do sistema". *Revista Trimestral de Direito Civil nº 13*, Rio de Janeiro, 2003.

[156] Marcelo Campos Gallupo. *op. cit.*

objetificantes possuem como corolário a rígida devoção à lei, seja ela justa ou injusta.

Como assevera Juarez Freitas, a temática da justiça não resulta de discurso monológico, mas dialógico, porquanto sua renovação é de natureza problemática, estando essencialmente na tópica e na dialética sua solução.[157] Isso faz com que, no processo interpretativo de escolha valorativa, o intérprete apresente de forma criativa e em conformidade à teleologia do sistema e aos princípios fundamentais, a significação do Direito mais justa e conveniente, permitindo que a mutabilidade histórica e temporal conduza sempre à decisão justa, já que uma lei, no decurso do tempo, "às vezes contraria, às vezes não, os objetivos fundamentais de justiça".[158] A própria ausência de neutralidade do intérprete implica certo subjetivismo – e na denegação da idéia de separação entre Direito e moral – o que, como conseqüência, faz prevalecer o ideal de justiça.

A busca pela realização do justo no caso concreto leva a perquirir-se, em uma sociedade em que nem a Constituição pode ser considerada como representativa de unidade e consenso – daí a sua dialeticidade e abertura –, sobre a real pertinência da construção de um sistema de Direito Privado fundado em "um Código unitário, racional, axiomático, que implicasse a hierarquização de projetos de vida que se pretendem iguais".[159]

> "Finalmente, se todas estas observações estão corretas, caberia a nós perguntarmos, tendo em vista o que vem ocorrendo no campo legislativo do Direito Privado Brasileiro: fez bem o legislador em criar um texto normativo de índole sistematizadora, como o novo Código Civil brasileiro, recentemente sancionado?".[160]

---

[157] Cf. Juarez Freitas. *A substancial...* p. 71.
[158] Idem, ibidem, p. 90.
[159] Marcelo Campos Gallupo. *op. cit.*
[160] Idem, ibidem, passim.

Ainda que tenha consagrado alguns avanços legislativos,[161] reavivando a discussão acerca do Direito Privado,[162] Gustavo Tepedino faz acertadas críticas ao Código de 2002.

"Na discussão sobre o projeto do novo (?) Código Civil, o que menos importa é o indiscutível brilho e o extraordinário talento da comissão de juristas que o elaborou e do Senador Josaphat Marinho, seu Relator. O fato é que o projeto foi redigido há quase 30 anos (a comissão foi constituída em maio de 1969) e a sua aprovação representará impressionante retrocesso político, social e jurídico. Do ponto de vista político, a redação do projeto precede a consolidação de processo histórico identificado, nos anos 70, justamente, com *a era da descodificação*. Vale dizer, a codificação não surge por acaso. Expressa momento de unificação política e ideológica de um povo, fazendo prevalecer o conjunto de regras que a sintetiza. Assim foi no século XIX, após a Revolução Francesa, assim se deu na Europa do pós-guer-

---

[161] Luiz Edson Fachin. "O *'aggiornamento'* do direito civil brasileiro e a confiança negocial". *In* Fachin, Luiz Edson [coord.]. *Repensando os fundamentos...*: "Merecedora de encômicos, nessa perspectiva conjuntural, a introdução da *função social do contrato* (artigo 421), referindo-se expressamente à *probidade* e a *boa-fé* (artigo 422). Demais cumprido (artigo 476) e da resolução por onerosidade excessiva (artigo 478) fecha um importante circuito jurídico de tutela à pessoa e à parte, ciclo esse que princípio pelos novos vícios ou defeitos introduzidos: o estado de perigo (artigo 156) a lesão sobre o enriquecimento sem causa (a partir do artigo 886), de todo oportuno, sem embargo do caráter subsidiário injustificável que o projeto lhe atribuiu (no artigo 888)".

[162] Maria Cristina Cereser Pezzella. "O Código Civil em perspectiva histórica". *In* SARLET, Ingo Wolfgang [org.]. *O novo Código Civil...*: "Contudo, não se pode deixar de compreendê-lo como um trabalho de envergadura, envolvendo o direito privado de nosso país que perpassa o século que se foi e ingressa no atual por obra de sete professores de Direito, sendo cinco deles advogados e dois membros da magistratura. Eles elaboraram um estudo de fôlego que, mesmo que possa receber várias críticas, se caracteriza por uma iniciativa que perpassa a idéia da obra de um só para ser a obra escrita por várias mãos, que faz renascer a discussão adormecida dos Direitos Privados".

ra, com a derrubada dos governos totalitários. Tais circunstâncias históricas não mais existem: deram lugar a cenário inteiramente diverso, pluralista e multifacetado. Do ponto de vista social, o retrocesso não é menos chocante. Os últimos 30 anos marcaram profunda transformação do direito civil, simplesmente desconsiderada pelo projeto do novo (?) código: os institutos de direito privado, em particular a família, a propriedade, a empresa e o contrato, ganharam função social que passam a integrar o seu conteúdo. Finalmente, do ponto de vista jurídico, o projeto encontra-se completamente desatualizado: desconhece os avanços da dogmática em matéria de responsabilidade civil, dos direitos da personalidade, apenas timidamente abordados, das relações de consumo (que dele não mereceram qualquer referência); dos novos contratos, das relações contratuais de fato, dos princípios contratuais da boa fé objetiva e do equilíbrio das prestações; da disciplina da posse, da propriedade e dos novos direitos reais e imobiliários. Nenhuma palavra, diga-se ainda, sobre as relações de família na perspectiva civil-constitucional ou sobre os avanços relativos às técnicas de inseminação artificial".[163]

De qualquer sorte, diante da vigência do novo Código, urge assentar-se o real paradigma da temática da justiça, desapegada à velha dogmática. O primeiro desafio, na seara do Direito Privado brasileiro, é o de reerguer os valores constitucionais que imantam a unidade do sistema aberto, sem sucumbir à 'pseudo' autoridade normativa dos microssistemas.

Pertinente já era a crítica de Canaris ao chamado "sistema interno" de Heck, pelo abandono da idéia de unidade do Direito, exatamente por pretender captar a unidade por meio de conceitos gerais abstratos, ignoran-

---
[163] Gustavo Tepedino. *Temas de Direito Civil...*, p. 439 – 440.

do a função essencial dos princípios fundamentais, cujos valores (como a justiça e a eqüidade) subjazem à lei e à própria *ratio legis*.[164] Afirma Coing que "O Direito não é assim, para a jurisprudência dos interesses, quer lógica quer moralmente, uma ordem unitária. Ele não tem qualquer unidade".[165]

Vale também lembrar que a aceitação da autoridade normativa do microssistema acarreta na aceitação da origem de validade de uma regra em outra regra, porquanto o direito positivo se origina do direito positivo, na visão positivista do estruturalismo kelseniano.[166]

---

[164] Claus-Wilhelm Canaris. *Pensamento sistemático*, p. 59 – 61: "Ele apenas considera como adequada a esse escopo a formação classificatória de 'conceitos de grupos de generalidade sempre crescente'. Conceitos gerais abstractos são porém, inteiramente inadequados para captar a unidade de sentido, sempre concreta, do Direito e tornam-se totalmente inutilizáveis para esse escopo quando se lhes deixe apenas a função rudimentar que Heck atribui aos seus 'conceitos de grupo'. Estes só devem, designadamente servir duas 'necessidades': por um lado, eles devem aligeirar a concepção das realidades complexas, porque o 'espírito humano só pode captar, em simultâneo, um número limitado de representações singulares' e, por outro lado, devem 'facilitar a rememoração'. É evidente que, perante tal 'subjectivização', para não dizer 'psicologização' do significado dos conceitos, que os reduzem a um mero veículo auxiliar para as insuficiências das capacidades humanas de representação e de rememoração, não se considera em nada a unidade objectiva de sentido e de adequação do Direito... Num prisma metodológico, a jurisprudência dos interesses só conhece, no essencial, os dois primeiros 'graus' da obtenção do Direito, o da interpretação e o da analogia e restrição; segue-se-lhe, logo, sem comunicação, a 'própria valoração' do juiz. Ela não reconhece, pelo contrário, uma função essencial ao terceiro 'grau' da obtenção do Direito, ao trabalho com os 'escopos específicos fundamentais', portanto aos princípios fundamentais de um domínio jurídico; por detrás da lex e da ratio legis colocam-se imediatamente os mais altos valores jurídicos como a justiça, a equidade e a segurança do Direito".

[165] Cf. Helmut Coing. *Apud* Canaris, Claus-Wilhelm. *op. cit.*, p. 58.

[166] Hans Kelsen. *op. cit.* p. 237: "No silogismo normativo que fundamenta a validade de uma ordem jurídica, a proposição de dever-ser que enuncia a norma fundamental: devemos conduzir-nos de acordo com a Constituição efetivamente posta e eficaz, constitui a premissa maior; a proposição de ser que afirma o fato: a Constituição foi efetivamente posta e é eficaz, quer dizer, as normas postas de conformidade com ela são globalmente aplicadas e observadas, constitui a premissa menor; e a proposição de dever-ser: devemos conduzir-nos de harmonia com a ordem jurídica, quer dizer: a ordem jurídica vale (é válida ou vigente), constitui a conclusão. As normas de uma ordem jurídica positiva valem (são válidas) *porque* a norma fundamental que

Considerar-se um sistema como aberto somente pela previsão de cláusulas gerais no corpo da codificação é negar a unidade axiológica da ordem constitucional. É um crasso equívoco pretender-se um sistema de Direito Privado com eixo centralizado no Código Civil, como se possível fosse a existência de principiologia própria que não derivasse do todo axiológico.[167]

Com efeito, a criação de microssistemas normativos rompe com a idéia de unidade do sistema. Porém, pressupor a centralização positivada das normas de Direito Privado no texto da codificação,[168] fazendo com que esses microssistemas gozem de autonomia, mas não de independência absoluta em frente ao Código,[169] está a léguas de distância da obtenção de unidade sistemática.

Relegar-se papel secundário à Constituição é torná-la mera carta de intenções, situação que enseja injustiça e iniqüidade no caso concreto, por axiomatizar preceitos codicistas, os quais encontram fundamento em si próprios, e, como axiomas, não se mostram aptos a plasmar as conseqüências da dinamicidade social.

---

forma a regra basilar da sua produção é pressuposta como válida, e não porque são eficazes; mas elas somente valem *se* esta ordem jurídica é eficaz, quer dizer, enquanto esta ordem jurídica for eficaz".

[167] Alexandre Pasqualini. *op. cit.*, p. 90 e 92: "O Direito é posto como totalidade valorativa. Não como mera soma de partes, mas como permeável unidade ou centro de sentido ('*Sinn-heimat*') a que estão ordenados e coordenados todos os seus fragmentos. Sistema e norma são, originária e funcionalmente, correlatos e, só nessa correlatividade, têm sentido e voz: o todo esclarece a parte, e a parte reflete o todo. Um isolado princípio, norma ou valor jurídico não se pode converter, num misto de idolatria e rigidez, em cláusula espoliativa dos anelos sistemático-axiológicos do sistema. Aplicar a lei significa, pois, aplicar a alma hierárquica e finalística do Direito".

[168] Clóvis do Couto e Silva. "O direito civil brasileiro...": "O pensamento que norteou a Comissão que elaborou o projeto do Código Civil brasileiro foi o de realizar um Código central, no sentido que lhe deu Arthur Steinwenter, sem a pretensão de nele incluir a totalidade das leis em vigor no País... O Código Civil, como Código central, é mais amplo que os códigos civis tradicionais. É que a linguagem é outra, e nela se contém 'cláusulas gerais', um convite para uma atividade judicial mais criadora, destinada a complementar o *corpus juris* vigente com novos princípios e normas".

[169] Nesse sentido, Paulo de Tarso Vieira Sanseverino. *Responsabilidade civil no Código do Consumidor e a defesa do fornecedor*. São Paulo: Saraiva, 2002, p. 79.

"Um dos primeiros a confrontar-se criticamente com a idéia de sistema na ciência do Direito é Engish. Demonstra, em primeiro lugar, que e qual a razão por que não é possível na Jurisprudência um sistema rigorosamente 'axiomático' do tipo do da matemática ou de uma ciência de cálculo. Um sistema desse género exige em primeiro lugar um número fechado de conceitos fundamentais ou 'axiomas', logicamente compatíveis entre si, 'últimos' em cada caso, quer dizer, não susceptíveis de inferência ulterior. Engish explica que se quisesse tentar reconduzir o conjunto dos conceitos pertinentes a um determinado Direito a alguns poucos conceitos fundamentais, que poderia funcionar como 'axiomas', ou se chegaria a conceitos puramente formais, com demonstra o 'quadro de categorias' de Stammler, que não possibilitam nenhum enunciado sobre o conteúdo de qualquer proposição jurídica ou então aos 'elementos empíricos de representação últimos', que 'são tão numerosos como os aspectos que nos oferece o mundo natural e social' que não formam portanto nenhum grupo fechado em si. Por outro lado, todavia, haveria na Jurisprudência, na passagem de um conceito mais geral a um mais especial 'tanta matéria para dominar que o modo de pensamento puramente dedutivo cede perante os actos de conhecimento para tal necessários'. Por último, os princípios jurídicos, a partir dos quais aparentemente se deduz, 'seriam intersectados e limitados mediante outros princípios jurídicos, de tal modo que já não é possível uma simples dedução, mas devem ocorrer soluções que concluam sobre qual o princípio que precede o outro em hierarquia'".[170]

---

[170] Karl Larenz. *op. cit.* p. 195 – 196.

Vetusto o entendimento de que somente o Código Civil pode operar na sociedade, perpetuando a já ultrapassada hermenêutica das normas programáticas[171] e o nefasto axioma de que os direitos constitucionais somente são defensáveis quando previstos em legislação infraconstitucional.[172] Pressupor-se a necessidade de uma legislação hierárquica e axiologicamente inferior para dar vida a preceitos constitucionais é propugnar-se pela ruptura da unidade sistemática e a própria ausência de normatividade da principiologia constitucional.

As noções de sistema relativamente aberto e de constitucionalização e publicização do Direito Privado representam apenas uma nova forma de dizer o velho. Todo o Direito é Direito Constitucional concretizado,[173] não sendo menos do que redundância apregoar-se a constitucionalização do constitucionalizado.

Mesmo que a previsão de cláusulas gerais no corpo da codificação signifique avanço na utilização dessa técnica legislativa, não se deve atentar contra a totalidade axiológica do sistema. Ao pressupor-se a necessidade de que os princípios e valores constitucionais, para

---

[171] Ingo Wolfgang Sarlet. "Os direitos fundamentais e sua eficácia na ordem constitucional". *Revista da Faculdade de Direito da UFRGS v. 16*, Porto Alegre, 1999: "Ressalto, aqui, duas posições que demonstram que existem normas constitucionais de cunho programático, também chamadas de normas impositivas, as quais impõe programas, fins e/ou tarefas de maior ou menor concretude aos poderes públicos em geral ou especificamente ao legislador. Que o diz é o professor Canotilho, que, embora negue a existência de normas programáticas, sustenta a existência de normas-programa na Constituição. Provavelmente negou a existência de normas programáticas para que não venha a incorrer no equívoco de afirmar que essas normas não possuem eficácia".

[172] Paulo Nalin. *op. cit.* p. 47: "Posição mais aceita, dentre aqueles que negam a proposta de aplicação direta das normas constitucionais, está na sua idéia de 'aplicabilidade (somente indireta)'. Ou seja, somente podem se aplicadas se, concomitantemente, for concretizada uma norma infraconstitucional, mediante a previsão constitucional expressa (regulamentar da *fattispecie* abstrata) ou por força de cláusula geral. Na falta da norma infraconstitucional, a constitucional não pode substituí-la, ou, mesmo, atuar isoladamente".

[173] Vide nota nº 105.

ingressarem no ordenamento jurídico positivado, estejam em conformidade com as diretrizes e principiologia que seriam próprias do Código, está-se diante de subversão do sistema, interpretando-se a Constituição conforme a legislação ordinária.

Miguel Reale qualifica o Código Civil como sendo a 'constituição do homem comum', por sua fundamentalidade à luz do aspecto histórico-cultural, sendo um ordenamento mais estável e menos sujeito a transformações do que uma Constituição.[174] "Basta confrontar a duração das Constituições com a dos códigos para se dar razão a Radbruch quanto à maior estabilidade do Direito Civil e à mutabilidade incessante do Direito Constitucional ou Administrativo".[175] Reale pretende, assim, corrigir o que chama de uma "visão errônea sobre o primado das Constituições",[176] pois a questão social residiria no campo do Direito Privado.[177]

No entanto, é a própria mutabilidade do Direito Constitucional e a abertura da Constituição que são capazes de captar a dinamicidade social e de funcionalizar os institutos jurídicos,[178] livrando o Direito dos enclausurantes, imutáveis e axiomáticos limites codificados.

Judith Martins-Costa entende o modelo de codificação adotado como apto aos nossos dias, principalmente pela presença de cláusulas gerais em seu texto, na medida

---

[174] Cf. Miguel Reale. op. cit. p. 354.
[175] Idem, ibidem, passim.
[176] Idem, ibidem, passim.
[177] Idem, ibidem, passim.
[178] Luis Renato Ferreira da Silva. "A função social do contrato no novo Código Civil e sua conexão com a solidariedade social". In Sarlet, Ingo Wolfgang. O novo Código Civil...: "Ao supor-se que um determinado instituto jurídico esteja funcionalizado, atribui-se a ele uma determinada finalidade a ser cumprida, restando estabelecido pela ordem jurídica que há uma relação de dependência entre o reconhecimento jurídico do instituto e o cumprimento da função. Mais do que um poder atribuído ao titular (no sentido de direito subjetivo atributivo de faculdades) está-se falando de um poder-dever, ou seja, uma faculdade que está umbilicalmente ligada ao cumprimento do fim por conta do qual é aceita no direito".

em que sua inspiração legislativa decorre da própria Constituição e de seus tipos abertos.[179]

"O Código Civil, na contemporaneidade, não tem mais por paradigma a estrutura que, geometricamente desenhada como um modelo fechado pelos sábios iluministas, encontrou a mais completa tradução na codificação oitocentista. Hoje a sua inspiração, mesmo do ponto de vista da técnica legislativa, vem da Constituição, farta em modelos jurídicos abertos. Sua linguagem, à diferença do que ocorre com os códigos penais, não está cingida à rígida descrição de *fattispecies* cerradas, à técnica da casuística. Um Código não-totalitário tem janelas abertas para mobilidade da vida, pontes que o ligam a outros corpos normativos – mesmo os extra-jurídicos – e avenidas, bem trilhadas, que o vinculam, dialeticamente, aos princípios e regras constitucionais. As cláusulas gerais, mais do que um 'caso' da teoria do direito – pois revolucionam a tradicional teoria das fontes –, constituem as janelas, pontes e avenidas dos modernos códigos civis. Isso porque conformam o meio legislativamente hábil para permitir o ingresso, no ordenamento jurídico codificado, de princípios valorativos, ainda inexpressos legislativamente, de *standards*, máximas de conduta, arquétipos exemplares de comportamento, de deveres de conduta não-previstos legislativamente (e, por vezes, nos casos concretos, também não-advindos da autonomia privada), de direitos e deveres configurados segundo os usos do tráfego jurídico, de diretivas econômicas, sociais e políticas, de normas, enfim, constantes de universos metajurídicos, *viabilizando a sua sistematização e permanente ressistematização no ordenamento positivo*".[180]

---

[179] Judith Martins-Costa. "O Direito privado como um 'sistema em construção'". *op. cit.*

[180] Idem, ibidem, passim.

As cláusulas gerais, por esse prisma, teriam como função mais relevante a de viabilizar o que Judith Martins-Costa chama de integração inter-sistemática, "facilitando a migração de conceitos e valores entre o Código, a Constituição e leis especiais".[181] As cláusulas gerais, ainda, se prestariam ao auxílio à compreensão do que Judith Martins-Costa entende por noção contemporânea de sistema, o qual apresentar-se-ia como relativamente aberto, móvel e estruturado em graus escalonados de privatismo e publicismo.[182]

Ao se reduzir o âmbito de aplicabilidade dos valores e princípios constitucionais à limitada abertura patrocinada pelas cláusulas gerais, em detrimento da verdadeiramente contemporânea compreensão de sistema jurídico (geneticamente aberto, dialógico, dialético e plural), remonta-se ao indesejável dogma da completude. A abertura do sistema não representa "cacofonia assistemática".[183]

> "Durante largo período, o formalismo de algumas concepções positivistas fez da clausura um dogma empírico-científico e, da abertura, uma quimera ideal-assistemática. Mas, em sentido oposto, o tempo e a pesquisa filosófica amadurecida encarregam-se, como ironia do destino, de mostrar, no antigo dogma, a ilusão vã e ingênua e, na presumida quimera, a evidência concreta e palpável. O Direito é, sim, sistemático e aberto. Não é fechado, porque sujeito à mobilidade (Wilburg) e à indeterminação dos conceitos jurídicos (English); não é completo, porquanto, justaposta à permanente incompletude científica, *'as contradições e as lacunas acompanham as normas à feição de sombras'*. A falta de uma total

---

[181] Judith Martins-Costa. *op. cit.*
[182] Idem, ibidem, passim.
[183] Idem, ibidem, passim.

nitidez de conteúdo e contornos das categorias jurídicas, que se parece dever ao quiasma de luz e sombra da indeterminação, transforma-se, no fundo, no maior e mais visível emblema da abertura do sistema e, também ainda da mutabilidade de suas exegeses. A indeterminação se assemelha a um véu sutil, transparente e assimétrico que, ao mesmo tempo, esconde e revela, circunda e envolve os conceitos jurídicos. É por isso que o sistema, em sua abertura, desenha-se como algo que, ao ser posto, jamais se esgota a si mesmo. Trata-se, por conseguinte, de uma unidade axiológica bastante peculiar: subsiste através do conflito e da indeterminação. Se, de um lado, é limite, de outro, é abertura".[184]

O núcleo de fixidez do sistema não está, pois, na codificação centralizadora, mas nos direitos e garantias fundamentais, permitindo que o sistema possa "abrir para sistematizar e sistematizar para abrir".[185]

Fala-se em mudança de paradigma,[186] mas prossegue-se com o paradigma da completude[187] codicista sis-

---

[184] Alexandre Pasqualini. *op. cit.* p. 79 – 80.

[185] Idem, ibidem, p. 81.

[186] Judith Martins-Costa. "Os direitos fundamentais...". Já por essas indicações se pode perceber que o novo Código Civil brasileiro está a requerer, de seus intérpretes, a compreensão da nova metodologia que enseja, embasada em uma diversa pré-compreensão do fenômeno jurídico. Essa pré-compreensão não é dada só por dados fáticos mas por *critérios de valor* que direcionam o exame do fato segundo a 'ética da situação'. Muito claramente sinalizados no novo Código, penso que tais critérios indicam uma nova ideologia, abeberada, diretamente, nos Direitos Fundamentais".

[187] Miguel Reale. "Exposição de motivos do supervisor da comissão revisora e elaboradora do Código Civil". *Código Civil – Lei n. 10.406, de 2002.* Brasília: Câmara dos Deputados, Coordenação de Publicações, 2002. Conforme Reale, mesmo que estejamos vivendo em uma "sociedade de mudança", já teríamos optado pelo "sistema e estilo de vida mais condizentes com as nossas aspirações", o que possibilitaria de forma adequada a "colocação dos problemas básicos de nossa vida civil", assegurando-se a "linha de nosso desenvolvimento" (p. 25).

tematizadora[188] e centralizadora,[189] de onde decorre o paradoxo de criticar-se a criação de microssistemas, por romper a unidade do sistema, ao passo em que se defende essa pretensa unidade centralizada em lei. Incompreensível propugnar-se pela estratificada concepção piramidal do Direito, fomentando-se a ultrapassada separação entre Direito Público e Direito Privado, o que só faz romper a unidade axiológica do sistema.

A axiomatização dos preceitos do Código central e dos microssistemas gera um conflito artificial, na medida em que esses diversos sistemas se fecham em torno de seus próprios e exclusivos princípios e valores, guiando à superioridade hierárquico-normativa de um microssistema à própria legislação central.[190]

Não se deve privar o intérprete de buscar diretamente na fonte constitucional as soluções para os problemas concretos, como meio de realização e plenitude

---

[188] Judith Martins-Costa (op. cit.), mesmo afirmando que as codificações elaboradas na segunda metade do século XX não possuam pretensão de plenitude legislativa, alerta para a finalidade 'ordenatória' de um Código Civil: " a finalidade, hoje, de um Código Civil, é menos 'regulativa' e mais 'ordenatória', no sentido de 'pôr ordem', ordenar as relações interprivadas segundo certas técnicas e certos valores em regra postos como diretrizes, garantias e direitos fundamentais na Constituição".

[189] Paulo de Tarso Vieira Sanseverino. op. cit. p. 79: "Naturalmente, o Código Civil perdeu a primazia absoluta que desfrutava no século XIX, quando abarcava a totalidade do sistema de direito privado. Porém, não perdeu essa condição de eixo central do sistema, absolutamente necessária para preservação da unidade do direito privado, passando a assumir um novo papel de integração, estabilidade e segurança do direito privado".

[190] Nesse sentido, Cláudia Lima Marques. "Diálogo entre o Código de Defesa do Consumidor e o novo Código Civil: do 'diálogo das fontes' no combate às cláusulas abusivas". *Revista de Direito do Consumidor n° 45*, São Paulo, 2003: "... o Código de Defesa do Consumidor – CDC, como lei anterior, especial e hierarquicamente constitucional (veja mandamento expresso sobre sua criação no sistema jurídico brasileiro no art. 48 do ADCT/CF 1988 e como incluído entre os direitos fundamentais, art. 5°, XXXII, da CF/88) e o novo Código Civil, Lei 10.406/2002, que entrou em vigor em janeiro de 2003, como lei posterior, geral e hierarquicamente inferior, mas trazendo algumas normas de ordem pública, que a lei nova mesma considera de aplicação imperativa a contratos novos e antigos (veja art. 2.035, par. ún. da Lei 10.406/2002)".

da própria ordem instaurada em 1988. Se a Constituição Federal dispôs sobre a defesa do consumidor, seus princípios não ficam confinados no âmbito do Código de Defesa do Consumidor, como tampouco foram pelo CDC insertos na ordem jurídica. Os princípios e valores constitucionais não só irradiam efeitos em todo o ordenamento, como são normativamente atuantes na seara do Direito Privado.

Assim, como verdadeira a assertiva de que o Código Civil é fruto de um processo histórico, é também verdadeiro o fato de que esse processo histórico fica em seu âmbito cristalizado,[191] ou se mantém, no dizer de Luiz Edson Fachin, "de costas para o futuro e distante da realidade brasileira contemporânea",[192] o que traz à tona a real força da Constituição, enquanto modelo aberto e dialético.

Mesmo saudando-se o novo Código Civil por trazer em seu texto cláusulas gerais de fundamental importância,[193] permanece a advertência de que tais previsões não atingirão seu fim se o próprio Código for interpretado nos moldes da dogmática da pretensa completude sistemática.

No dizer de Alexandre Pasqualini, existem boas e más interpretações, e o intérprete não deve deixar de perseguir sempre as melhores, pois "o Direito não deve e não precisa, na sua aberta unidade sistemática, abdicar do que possui de melhor".[194] Essa melhor hermenêutica

---

[191] Clóvis Bevilaqua. *Apud* Ricardo Aronne. *Por uma nova hermenêutica...*, p. 98, nota nº 212: "Os codigos são equiparáveis aos systemas philosophicos. Cada systema concretiza, em forte synthese, uma concepção de mundo, victoriosa em certos cerebros ou em certo momento historico, e serve de repouso aos espiritos, satisfazendo as necessidades mentaes por algum tempo... Assim os codigos, estereotypam elles a fórma do pensamento juridico em um certo momento da civilização de um povo, e, si forem vasados em moldes selectos, com vantagem proverão, por longo tempo, ás necessidades sociaes, pois que é seu fito principal traduzil-as e assegurar, do melhor modo, a sua satisfação".

[192] Luiz Edson Fachin. "O 'aggiornamento'...".

[193] Vide nota nº 161.

[194] Alexandre Pasqualini. *op. cit.*, p. 25.

do Direito Privado exige a compreensão dos elementos sistemáticos que, interligados pelo elo da principiologia constitucional, preservam a unidade axiológica do sistema, promovendo a alteração de leitura das regras codificadas.[195]

Como já disse Konrad Hesse, a Constituição configura expressão de um dever-ser, significando "mais do que um simples reflexo das condições fáticas de sua vigência, particularmente as forças sociais e políticas. Graças à pretensão de eficácia, a Constituição procura imprimir ordem e conformação à realidade política e social".[196] Deste norte, não deve se afastar o intérprete, ao interpretar a codificação.

---

[195] Cf. Ricardo Aronne. *op. cit.* A unidade axiológica do sistema e a interligação de seus elementos promovem a "alteração do conteúdo das regras da codificação", não sendo necessário, para tanto, "uma alteração legislativa" (p. 69).

[196] Konrad Hesse. *A força normativa da Constituição.* Porto Alegre: Fabris, 1991, p. 15.

6. Conclusões

A instrumentalidade do Direito e conseqüente justiça no caso concreto somente são garantidas mediante a preservação do todo axiológico do sistema jurídico. Para tanto, o sistema deve ser concebido como geneticamente aberto, na medida em que a abertura patrocinada pelas cláusulas gerais se mostra insuficiente, notadamente se interpretado o Código Civil de acordo com a dogmática da completude sistemática.

A totalidade axiológica do sistema é preservada quando admitida a real eficácia e ubiqüidade da principiologia constitucional. A teoria material da Constituição guia à plena realização e eficácia dos direitos fundamentais, inclusive nas relações interprivadas.

O intérprete não deve se ater à controvérsia estabelecida entre eficácia direta ou indireta, buscando sempre sua real efetividade, por meio de interpretação tópico-sistemática, admitida a possibilidade do círculo hermenêutico espiraliforme. Os direitos fundamentais sempre terão eficácia, em maior ou menor grau, pela pré-compreensão que o intérprete possui da Constituição, no momento em que interpreta a legislação infraconstitucional. Assim, no confronto entre titulares de direitos fundamentais, por uma escolha axiológica do intérprete, um direito fundamental poderá ser relativizado em face de outro, pois é da própria natureza dos direitos variarem de força e de características de acordo com o momento histórico. Sempre terão eficácia os direitos fundamentais, em alguns casos gerando direito subjetivo e em outros não, variando de intensidade.

As normas de Direito Civil, portanto, não podem ser concebidas autonomamente em face da superioridade hierárquica das normas de Direito Constitucional, pois é da Constituição que derivam os princípios e valores superiores que imantam a unidade e preservam a ordenação do sistema jurídico. É um retrocesso, diante do instrumento de efetividade do Direito proporcionado pela principiologia constitucional, pretender que o Direito Privado seja regulado por uma legislação codificada centralizadora.

Os microssistemas depõem contra a unidade axiológica, mas esta não é preservada pela edição de um Código com pretensão de ser o eixo centralizador do sistema de Direito Privado. A codificação centralizadora depõe contra a unidade axiológica do sistema aberto, em razão da axiomatização de seus preceitos, obstando os valores e princípios constitucionais de operarem reais efeitos no caso concreto.

A temática da justiça possui relevo na tópica e na dialética, de modo que a ordem instaurada com o advento da Constituição Federal de 1988 somente terá plenitude se superada a dicotomia entre público e privado, buscando o intérprete, não nos limites da codificação, mas na própria Constituição, os elementos pertinentes à construção sistemática do Direito e à realização do ideal de justiça.

Referências bibliográficas

ALEXY, Robert. "Direitos Fundamentais no Estado Constitucional Democrático – para a relação entre direitos do homem, direitos fundamentais, democracia e jurisdição constitucional". Trad. Luís Afonso Heck. *Revista da Faculdade de Direito da UFRGS v. 16*, Porto Alegre, 1999.

ANDRADE, José Carlos Vieira de. "Os direitos, liberdades e garantias no âmbito das relações entre particulares". *In* SARLET, Ingo Wolfgang [org.]. *Constituição, Direitos Fundamentais e Direito Privado*. Porto Alegre: Livraria do Advogado, 2003.

ARONNE, Ricardo. "Titularidades e apropriação no novo Código Civil brasileiro – Breve ensaio sobre a posse sua natureza". *In* SARLET, Ingo Wolfgang [org.]. *O novo Código Civil e a Constituição*. Porto Alegre: Livraria do Advogado, 2003.

——. *Por uma nova hermenêutica dos direitos reais limitados: das raízes aos fundamentos contemporâneos*. Rio de Janeiro: Renovar, 2001.

BONAVIDES, Paulo. *Curso de Direito Constitucional*. 13. ed. rev. e at. São Paulo: Malheiros, 2003.

——. *Teoria constitucional da democracia participativa*. São Paulo: Malheiros, 2001.

BRANCO, Paulo G. G., COELHO, Inocêncio Màrtires, e MENDES, Gilmar Ferreira. *Hermenêutica constitucional e direitos fundamentais*. Brasília: Brasília Jurídica, 2000.

CANARIS, Claus-Wilhelm. "A influência dos direitos fundamentais sobre o direito privado na Alemanha". *In* SARLET, Ingo Wolfgang [org.]. *Constituição, Direitos Fundamentais e Direito Privado*. Porto Alegre: Livraria do Advogado, 2003.

——. *Pensamento sistemático e conceito de sistema na ciência do Direito*. Trad. de A. Menezes Cordeiro. 3. ed. Lisboa: Fundação Calouste Gulbenkian, 2002.

CLÈVE, Clèmerson Merlin. *O direito e os direitos: elementos para uma crítica do direito contemporâneo*. 2. ed. São Paulo: Max Limonad, 2001.

CORTIANO JUNIOR, Eroulths. "Para além das coisas (Breve ensaio sobre o direito, a pessoa e o patrimônio mínimo)". *In* RAMOS, Carmen Lucia Silveira [org.] *et alli*. *Diálogos sobre direito civil*. Rio de Janeiro: Renovar, 2002.

DENNIS, James L. "Uso do precedente no Código Civil de Louisiana". *Revista de Direito Público* v. 86, São Paulo, 1987.

DINIZ, Márcio Augusto de Vasconcelos. *Constituição e hermenêutica constitucional*. Belo Horizonte: Mandamentos, 1998.

DWORKIN, Ronald. *Levando os direitos a sério*. Trad. Nelson Boeira. São Paulo: Martins Fontes, 2002.

——. *A matter of principle*. Ninth printing. Cambrige, Massachusetts: Harvard University Press, 2000.

FACHIN, Luiz Edson. "Direitos fundamentais, dignidade da pessoa humana e o novo Código Civil: uma análise crítica". In SARLET, Ingo Wolfgang. [org.]. *Constituição, Direitos Fundamentais e Direito Privado*. Porto Alegre: Livraria do Advogado, 2003.

——. "Transformações do direito civil brasileiro contemporâneo". In RAMOS, Carmen Lucia Silveira [org.] et alli. *Diálogos sobre direito civil*. Rio de Janeiro: Renovar, 2002.

—— et alli. "Crítica ao legalismo jurídico e ao historicismo positivisa: ensaio para um exercício de diálogo entre história e direito, na perspectiva do Direito Civil contemporâneo". In RAMOS, Carmen Lucia Silveira [org.] et alli. *Diálogos sobre Direito Civil: construindo uma racionalidade contemporânea*. Rio de Janeiro: Renovar, 2002

——. [coord.]. *Repensando os fundamentos do direito civil brasileiro contemporâneo*. 2. tir. Rio de Janeiro: Renovar, 2000.

——. "O 'aggiornamento' do direito civil brasileiro e a confiança negocial. In ——. [coord.]. *Repensando fundamentos do direito civil brasileiro contemporâneo*. 2. tir. Rio de Janeiro: Renovar, 2000.

——. *Teoria crítica do direito civil*. Rio de Janeiro: Renovar, 2000.

FINGER, Julio Cesar. "Constituição e direito privado: algumas notas sobre a chamada constitucionalização do direito civil". *In* SARLET, Ingo Wolfgang [org.] *A Constituição concretizada: construindo pontes com o público e o privado*. Porto Alegre: Livraria do Advogado, 2000.

FREITAS, Juarez. *A interpretação sistemática do Direito*. 3. ed. rev. e amp. São Paulo: Malheiros, 2002.

——. *A substancial inconstitucionalidade da lei injusta*. Porto Alegre: Vozes, 1989.

GALUPPO, Marcelo Campos. "O Direito Civil no contexto da superação do Positivismo Jurídico: a questão do sistema". *Revista Trimestral de Direito Civil* nº 13, Rio de Janeiro, 2003.

GILISSEN, John. *Introdução Histórica ao Direito*. Trad. A. M. Hespanha e L. M. Macaísta Malheiros. 2. ed. Lisboa: Fundação Calouste Gulbenkian, 1995.

GOMES CANOTILHO. José Joaquim. *Direito Constitucional*. 5. ed. Coimbra: Livraria Almedina, 1992.

GOMES, Orlando. *Transformações gerais do direito das obrigações*. 2. ed. São Paulo: RT, 1980.

GRAU, Eros Roberto. "Pareceres, juristas e apedeutas". *Revista da Faculdade de Direito da UFRGS v. 18*, Porto Alegre, 2000.

――. Prefácio In FREITAS, Juarez. *A interpretação sistemática do Direito*. 3. ed. São Paulo: Malheiros, 2002.

HECK, Luis Afonso. "Direitos fundamentais e sua influência no Direito Civil". *Revista da Faculdade de Direito da UFRGS v. 16*, Porto Alegre, 1999.

HESSE, Konrad. *A força normativa da Constituição*. Trad. de Gilmar Ferreira Mendes. Porto Alegre: Sergio Antonio Fabris Editor, 1991.

KELSEN, Hans. *Teoria Pura do Direito*. Trad. João Batista Machado. São Paulo: Martins Fontes, 2003

LARENZ, Karl. *Metodologia da Ciência do Direito*. 2. ed. Trad. de José Lamego. Lisboa: Fundação Calouste Gulbenkian, 1989.

MARQUES, Cláudia Lima. "Cem anos de Código Civil Alemão: o BGB de 1896 e o Código Civil Brasileiro de 1916". *Revista da Faculdade de Direito da UFRGS v. 13/14*, Porto Alegre, 1997.

――. "Diálogo entre o Código de Defesa do Consumidor e o novo Código Civil: do 'diálogo das fontes' no combate às cláusulas abusivas". *Revista de Direito do Consumidor nº 45*, São Paulo, 2003.

MARTINS-COSTA. Judith. "Os direitos fundamentais e a opção culturalista do novo Código Civil". In SARLET, Ingo Wolfgang [org.]. *Constituição, Direitos Fundamentais e Direito Privado*. Porto Alegre: Livraria do Advogado, 2003.

――. "O sistema na codificação civil brasileira: de Leibniz a Teixeira de Freitas". *Revista da Faculdade de Direito da UFRGS v. 17*, Porto Alegre, 1999.

――."O Direito privado como um 'sistema em construção': as cláusulas gerais no Projeto do Código Civil Brasileiro". *Revista Informação Legislativa v. 139*, Brasília, 1998.

MAXIMILIANO, Carlos. *Hermenêutica e aplicação do Direito*. Rio de Janeiro: Forense, 1984.

MEIRELLES, Jussara. "O ser e o ter na codificação civil brasileira: do sujeito virtual à clausura patrimonial". In FACHIN, Luiz Edson [coord.] *Repensando os fundamentos do direito civil brasileiro contemporâneo*. 2. tir. Rio de Janeiro: Renovar, 2000.

MENDES, Gilmar. "Teoria da legislação e controle de constitucionalidade: algumas notas". *Revista Jurídica Virtual nº 1*, 1999, http://www.planalto.gov.br/ccivil_03/revista/Rev_01/Revista1.htm.

MOARES, Maria Celina Bodin de. "O conceito de dignidade humana: substrato axiológico e conteúdo normativo". *In* SARLET, Ingo Wolfgang [org.]. *Constituição, Direitos Fundamentais e Direito Privado*. Porto Alegre: Livraria do Advogado, 2003.

NALIN, Paulo. *Do contrato: conceito pós-moderno. Em busca de sua formação na perspectiva civil- constitucional*. Curitiba: Juruá, 2002.

PASQUALINI, Alexandre. *Hermenêutica e sistema jurídico – uma introdução à interpretação sistemática do Direito*. Porto Alegre: Livraria do Advogado, 1999.

PEREIRA, Caio Mário da Silva. *Instituições de Direito Civil v. I.* 14. ed. São Paulo: Saraiva, 1993.

PEZZELLA. Maria Cristina Cereser. "O Código Civil em perspectiva histórica". In SARLET, Ingo Wolfgang [org.]. *O novo Código Civil e a Constituição*. Porto Alegre: Livraria do Advogado, 2003.

RAMOS, Carmen Lucia Silveira. "A constitucionalização do direito privado e a sociedade sem fronteiras". In FACHIN, Luiz Edson [coord.]. *Repensando os fundamentos do direito civil brasileiro contemporâneo*. 2ª tir. Rio de Janeiro: Renovar, 2000.

REALE, Miguel. "Visão geral do novo Código Civil". *Revista de Direito privado* v. 9, São Paulo, 2002.

———. "Exposição de motivos do supervisor da comissão revisora e elaboradora do Código Civil". *Código Civil – Lei n. 10.406, de 2002*. Brasília: Câmara dos Deputados, Coordenação de Publicações, 2002.

———. *Lições Preliminares de Direito*. 20. ed. São Paulo: Saraiva, 1993.

SANSEVERINO, Paulo de Tarso Vieira. *Responsabilidade civil no Código do Consumidor e a defesa do fornecedor*. São Paulo: Saraiva, 2002.

SARLET, Ingo Wolfgang. *A eficácia dos direitos fundamentais*. 3. ed., rev., at. e amp. Porto Alegre: Livraria do Advogado, 2003.

———. [org.]. *O novo Código Civil e a Constituição*. Porto Alegre: Livraria do Advogado, 2003.

———. [org.]. *Constituição, Direitos Fundamentais e Direito Privado*. Porto Alegre: Livraria do Advogado, 2003.

———. [org.] *A Constituição concretizada: construindo pontes com o público e o privado*. Porto Alegre: Livraria do Advogado, 2000.

———. "Direitos fundamentais e direito privado: algumas considerações em torno da vinculação dos particulares aos direitos fundamentais". In ———. [org.] *A Constituição concretizada: construindo pontes com o público e o privado*. Porto Alegre: Livraria do Advogado, 2000.

———. "Os direitos fundamentais e sua eficácia na ordem constitucional". *Revista da Faculdade de Direito da UFRGS v. 16*, Porto Alegre, 1999.

SCHNEIDER. Hans-Peter. "La Constitución: función y estructura". *Democracia y Constitución*. Trad Angela Collado Ais e Manuel Bonachela Mesa. Madrid: Centro de Estudios Constitucionales, 1991.

SILVA, Almiro do Couto e. "Romanismo e germanismo no Código Civil Brasileiro". *Revista da Faculdade de Direito da UFRGS v. 13/14*, Porto Alegre, 1997.

SILVA, Clóvis V. do Couto e. "O direito civil brasileiro em perspectiva histórica e visão de futuro". *Revista da Ajuris v. 40*, Porto Alegre, 1987.

SILVA, Jorge Cesa Ferreira da. "Princípios de direito das obrigações no novo Código Civil". *In* SARLET, Ingo Wolfgang. *O novo Código Civil e a Constituição.* Porto Alegre: Livraria do Advogado, 2002.

——. *A boa-fé e a violação positiva do contrato.* Rio de Janeiro: Renovar, 2002.

SILVA, Luis Renato Ferreira da. "A função social do contrato no novo Código Civil e sua conexão com a solidariedade social". *In* SARLET, Ingo Wolfgang. *O novo Código Civil e a Constituição.* Porto Alegre: Livraria do Advogado, 2003.

STRECK. Lenio Luiz. *Jurisdição constitucional e hermenêutica.* Porto Alegre: Livraria do Advogado, 2002.

TEPEDINO, Gustavo. "Os 15 anos da Constituição e o direito civil". *Revista Trimestral de Direito Civil* n° 14, 2003.

——. *Temas de direito civil.* 3. ed. rev. e amp. Rio de Janeiro: Renovar, 1999.

UBILLOS, Juan María Bilbao. "En qué medida vinculam a los particulares los derechos fundamentales?". *In* SARLET, Ingo Wolgang [org.]. *Constituição, Direitos Fundamentais e Direito Privado.* Porto Alegre: Livraria do Advogado, 2003.

II

O Contrato em Perspectiva Principiológica
Novos Paradigmas da Teoria Contratual

RAFAEL WAINSTEIN ZINN

1. Introdução

A evolução rápida e complexa da sociedade fez com que o Direito, de algum modo, tivesse que se adaptar aos anseios desta sociedade mutante e às novas realidades fáticas existentes. A idéia de que o Direito poderia ser seguro e preciso cede lugar a um direito principiológico e de cláusulas gerais, capazes de tutelar de forma mais adequada as situações jurídicas cotidianas. Ou seja, a realidade se encarregou de demonstrar que um sistema jurídico preso a conceitos e valores fechados e imutáveis torna-se incapaz de resolver as questões que lhe são postas.

Com o direito contratual, as coisas não são diferentes. Profundas alterações ocorreram no âmbito dos pactos, saindo de uma liberdade quase que ilimitada, onde vigorava o princípio do *pacta sunt servanda*, para se alcançar a idéia de contrato que atenda a sua função social. Neste novo cenário do direito das obrigações, a vontade das partes passa a ser limitada e regulada por um Estado muita mais preocupado com o bem social do que com o meramente individual. Ou seja, ocorre a transformação do Estado Liberal para o Estado Social.

Não obstante, o desenvolvimento acelerado da sociedade fez com que as relações contratuais se massificassem, surgindo os chamados contratos de adesão, onde, via de regra, não é a vontade das partes que vigora, mas sim a vontade de um dos contratantes sobre a do outro. Para regular esta realidade díspar, o direito teve que evoluir, deixando de olhar o contrato como algo imutável e intangível.

Neste mesmo diapasão, inicia-se um processo de despersonalização nas relações contratuais. As contratações massificadas restringiram a possibilidade de se realizar contratos com individualização das partes. Nas relações travadas com os as Instituições Financeiras, por exemplo, via de regra o cliente é visto como um número na lista do banco.

O Estado, preocupado com os direitos sociais, passa a intervir nas relações de Direito Privado, de forma a tentar restabelecer a igualdade entre os partícepes. Este dirigismo, com vistas ao interesse da sociedade, atendendo a objetivos econômicos e sociais determinados pelo Estado, fez com que surgisse a figura da constitucionalização do Direito Civil. Ou seja, passa-se a fazer uma releitura do Código Civil, mais precisamente, à luz da Constituição. Deste modo, a interpretação dos contratos começa a ser feita também com base na Constituição Federal de 1988.

Esta nova realidade contratual se distancia do individualismo e da grande valoração patrimonial que marcava o Código Civil de 1916 e que ainda se encontra presente no atual Código Civil, buscando adequar os contratos atuais aos princípios e direitos fundamentais previstos na Constituição Federal. É através desta nova visão dos contratos que se busca estabelecer o conceito de contrato pós-moderno. Contrato este que deve ser funcionalizado e permeado pela ótica solidarista da Carta Magna.

2. As relações contratuais e a sociedade

A busca por um sistema imutável que determinasse regras para todas as situações fáticas, visando a proporcionar segurança jurídica para a sociedade, fez com que surgisse a idéia de sistema formalmente uno e preciso. Esta legislação seria representada através de uma codificação, "conjunto unitário de leis provindas de uma só fonte, o Estado".[1] O que estivesse no Código deveria ser respeitado e cumprido por todos. "Os enunciados normativos insertos em um Código passam a ser *o direito* – não mais *os direitos* – compondo, portanto, um sistema auto-referenciado, que encontra a sua fonte em si mesmo".[2]

Neste modelo de sistema jurídico, as regras do Direito Civil nasciam e eram codificadas para que se tornassem indiscutíveis e imutáveis ao longo dos anos. Existia o que Norberto Bobbio denomina de dogma da completude,[3] "isto é, o princípio de que o ordenamento jurídico seja completo para fornecer ao juiz, em cada caso, uma solução sem recorrer à eqüidade [...]".[4]

---

[1] Judith Martins-Costa. *A boa-fé no Direito Privado*. São Paulo: RT, p. 169.

[2] Ibid., p. 170.

[3] Júlio Cesar Finger. Constituição e direito privado: algumas notas sobre a chamada constitucionalização do direito civil. In: SARLET, Ingo Wolfgang (org.). *A Constituição Concretizada – Construindo pontes com o público e o privado*. Porto Alegre: Livraria do Advogado, 2000, p. 88.

[4] Norberto Bobbio. *Teoria do ordenamento jurídico*. 10.ed. Brasília: UnB, 1997, p. 119.

"O dogma da completude teria surgido provavelmente na época da tradição românica medieval, 'dos tempos em que o Direito Romano vai sendo, ao poucos, considerado como o Direito por excelência, de uma vez por todas enunciado no *Corpus Iuris*, ao qual não há nada a acrescentar e do qual não há nada a retirar, pois que contém regras que dão ao intérprete condições de resolver todos os problemas jurídicos apresentados ou por apresentar'.[5] Os pandectistas também defendiam a idéia de um ordenamento inquestionável e completo. Para eles, o ordenamento jurídico deveria ser 'um sistema totalmente organizado e independente, isento de lacunas, de sorte que todo caso jurídico possa ser enquadrado num conceito'".[6]

O surgimento de um modelo de leis previsto através de um Código,[7] conforme Judith Martins-Costa, remonta ao período da Revolução Francesa.

"Mas foram a Revolução, a Declaração de Direitos e a Constituição Francesa de 1791 que os consagrou os fatores que possibilitaram, efetivamente, a codificação projetada e até então não realizada pela ausência das condições materiais objetivas para tanto, vale dizer: *a unitariedade dos sujeitos* que serão os destinatários do direito ali contido, proclamada pelo *princípio da igualdade* -, unidade esta que foi alcançada mediante a supressão das diferenças religiosas (pela instauração de um direito laico), pelo fim das diferenças de nascimento (em razão da consagração de um direito formalmente igualitário)

---

[5] Norberto Bobbio. Op. cit., p. 120.

[6] Orlando Gomes. *Transformações Gerais do Direito das Obrigações*. São Paulo: RT, 1967, p. 3.

[7] Código, com um significado mais próximo da realidade recente, pois se assim não fosse, a idéia de Código é mais antiga.

e pelo expurgo das diferenças locais e territoriais (através de um direito que se quis nacional).[8]

O Código Civil atual, assim como o Código Civil de 1916, enquadra-se naquele modelo permeado pelo dogma da completude. Os legisladores destas codificações almejavam que elas previssem todas as hipóteses fáticas, possuindo certeza e precisão lingüística.

As cláusulas gerais, por não possuírem precisão semântica,[9] foram afastadas do Código Civil de 1916. Também os princípios, como o da boa-fé, tiveram seu campo de aplicação extremamente restrito.[10]

Todavia, não poderia ser diferente. A idéia de um Código fechado, com conceitos certos, precisos e com tipificações taxativas, como era o Código Civil de 1916, não se coaduna com a disposição de cláusulas gerais e princípios. Estes não possuem conceitos estáticos e aplicação restrita a hipóteses determinadas.[11] Trata-se de regras mais abertas e abstratas.

O novo Código Civil, apesar de permanecer atrelado ao conceito de sistema fechado, já possui algumas características capazes de torná-lo mais aberto. Um bom exemplo desta permeabilidade do atual Código é a inserção no mesmo de cláusulas gerais.[12]

A noção de ordenamento completo, no entanto, começou a ruir. O estopim deste fato ocorreu no momento em que este modelo de sistema jurídico, aplicado às novas realidades fáticas, passou a gerar insegurança.

O ordenamento jurídico tido como completo mostrou-se incapaz de solucionar as hipóteses fáticas verifi-

---

[8] Judith Martins-Costa. Op. cit., p. 174.
[9] Ibid., p. 306 e 307.
[10] Ver artigos 221, parágrafo único, 490, 491, 510, 511, 514 e 516, do Código Civil de 1916.
[11] Ricardo Aronne. *Por Uma Nova Hermenêutica Dos Direitos Reais Limitados.* Renovar, 2001, p. 78 e 79.
[12] Judith Martins-Costa. Op. cit., p. 350 e 351.

cáveis na sociedade.[13] "A grande dificuldade presente em todas as tentativas de codificação reside no fato de os valores sociais e ideológicos de uma sociedade não permanecerem imutáveis durante o curso da história, bem como na impossibilidade de o legislador prever situações sociais inimagináveis ao tempo de sua positivação".[14]

É comum existir uma confusão entre o modelo fechado de normas e os Códigos. Todavia, isto não deveria ocorrer. O sistema codificado, diferentemente do sistema fechado de normas, estará sempre aberto para atualizações e modificações que se façam necessárias.[15] Um sistema jurídico pode ser codificado e fechado, o que, diga-se de passagem, é o que ocorria com o Código Civil brasileiro de 1916. Entretanto, o certo é que, seja qual for o modelo jurídico adotado, o mesmo deve estar sempre em contínuo aperfeiçoamento, pois, caso contrário, estará fadado ao desuso.

No tocante à atualização das codificações, mais precisamente do Código Civil, importante função desempenha a jurisprudência, pois através da mesma se dá a compatibilização mais adequada das leis com as hipóteses fáticas. Além disso, de forma a tornar o sistema jurídico mais próximo da realidade dos fatos, deve-se buscar o auxílio da Constituição, através de seus direitos fundamentais e de seus princípios.[16] No entanto, as leis também devem ser modernizadas.

---

[13] Paulo Nalin. *Do Contrato*: Conceito Pós-Moderno (Em Busca de Sua Formulação na Perspectiva Civil-Constitucional). *Pensamento Jurídico*. Ed. Juruá 2001. v. 2, p. 72 e 73, e Júlio César Finger. Constituição e direito privado: algumas notas sobre a chamada constitucionalização do direito civil. In: SARLET, Ingo Wolfgang (org.). *A Constituição Concretizada – Construindo pontes com o público e o privado*. Porto Alegre: Livraria do Advogado, 2000, p. 91.

[14] André Osório Gondinho. Codificação e cláusulas gerais. *RTCD – Revista Trimestral de Direito Civil*, Ed. PADMA, v. 2, p. 3, abr.-jun. 2000.

[15] Paulo Nalin, op. cit., p. 65 e 67, e Júlio César Finger. Op. cit., p. 103 e 104.

[16] Idem, p. 36, 67, 88 e 89.

O desenvolvimento acelerado da sociedade fez com que surgissem diversas situações que o Código Civil de 1916 não era mais capaz de tutelar ou, em tutelando, não o fazia da maneira mais adequada.[17] Bom exemplo está nos contratos que, na época em que foi promulgado o referido diploma legal, eram essencialmente baseados na autonomia da vontade e no princípio do *pacta sunt servanda*.[18] Hoje, não se pode conceber que os pactos sejam tão singelos assim em sua formação. Atualmente, os contratos devem atender a sua função social.[19] Neste contexto, onde o Código Civil de 1916 já apresentava grande descompasso com as relações interpessoais, foi editado, entrando em vigor, no dia 11 de janeiro de 2003, um novo Código Civil.

Entretanto, considerada somente a letra fria do novo Código Civil, este também não será capaz de acompanhar de modo eficaz o ritmo de evolução da sociedade.[20] A maneira mais apropriada de tentar solucionar a gama de situações fáticas do cotidiano, sem que a lei civil fique desatualizada, é realizar uma leitura do Código Civil à luz da Constituição Federal.[21] Aliás, tem-se que é o Código Civil que deve ser interpretado de acordo com a Constituição, e não o contrário, pois, se assim o fosse, a quebra do princípio da hierarquia constitucional poderia romper com a unidade do sistema jurídico.[22]

A apreciação conjunta do Código Civil e da Constituição Federal significa se afastar do individualismo e

---

[17] Júlio César Finger. Op. cit., p. 91.

[18] Paulo Lobo, *Do contrato no estado social* – crise e transformação. Maceió: Ed. Edufal, 1983, p. 41, Fernando Noronha, *Os direitos dos contratos e seus princípios fundamentais*. São Paulo: Saraiva, 1994, p. 42.

[19] Fernando Noronha. Op. cit., p. 81 e 82.

[20] Adriana Mandim, p. 46 e 47, Gustavo Tepedino, Premissas Metodológicas para a Constitucionalização do Direito Civil. In: ——. *Temas de Direito Civil*. 2.ed. Renovar, 2001, p. 13, e André Osório Gondinho, op. cit., p. 6.

[21] Paulo Nalin, op. cit., p. 36, 67, 88 e 89.

[22] Ibid., p. 37 a 39, Tepedino, op. cit., p. 1 e 2.

da racionalidade excessivamente patrimonialista do Código (mais notadamente no de 1916), para alcançar os direitos fundamentais inseridos na Carta.[23] Não obstante o atual Código Civil ter ampliado a preocupação com o social, é na Constituição que se encontrará a verdadeira proteção do homem. "A releitura do Direito Civil por intermédio da Carta contribui para a superação da fratura entre a produção científica e a realidade prática, visando a adequação de conceitos e categorias às exigências de uma sociedade que, rapidamente, se transforma.".[24]

Passados mais de dez anos da promulgação da Constituição Federal de 1988, ainda é baixo o seu aproveitamento no Direito Civil.[25] É como se houvesse receio em utilizar a Lei Maior nas relações jurídicas do cotidiano. A explicação para este fato pode ser obtida através de uma análise histórica a partir do século XIX.

A noção de Direito Civil, como percebida e sistematizada hoje, teria surgido no Código de Napoleão. Ali se especificou, pela primeira vez, o que seriam leis públicas e leis civis. O direito privado "tratava de regular, do ponto de vista formal, a atuação dos sujeitos de direito, notadamente o contratante e o proprietário, os quais, por sua vez, a nada aspiravam senão o aniquilamento de todos os privilégios feudais: poder contratar, fazer circular riquezas, adquirir bens como expansão da própria inteligência e personalidade, sem restrições ou entraves legais".[26] Neste período, o Direito Civil se confundia com o próprio Código Civil.[27]

---

[23] Paulo Nalin, op. cit., p. 36.

[24] Ibid., p. 87, referindo entendimento de Pietro Perlingieri, *Scuole, tendenze e metodi*, 1989, p. 112.

[25] Gustavo Tepedino, op. cit., p. 1.

[26] Ibid., p. 2.

[27] Maria Celina Tepedino, A caminho de um direito civil constitucional. *Revista Estado, Direito e Sociedade*, Departamento de Ciências Jurídicas da PUC/RJ, v. 1, 1991, p. 22.

Era clara a distinção entre os Direitos Público e Privado. Ao Direito Privado, incumbia as regulações "no âmbito dos direitos naturais e inatos dos indivíduos".[28] Já ao Direito Público, competia "a tutela de interesses gerais".[29]

No Estado Liberal, o poder público não interferia "nas relações dos particulares",[30] tratando apenas de dar condições para o desenvolvimento das mesmas. O nascimento do Direito Constitucional aconteceu em um período "onde o dogma era a nítida separação entre o Estado e a Sociedade. Como não podia deixar de ser, seu âmbito ficava restrito a definição da estrutura e das funções básicas do Estado ao mesmo tempo em que enunciava os direitos fundamentais dos indivíduos, por exigência dos movimentos revolucionários da época".[31] Desta maneira, as regras de Direito Público, constitucionalmente previstas, não regulavam as relações de Direito Privado.

Com a mudança do Estado Liberal para o Social, surgiu a figura do Estado intervencionista[32] e, com este, as normas de Direito Público passaram a interferir nas relações privadas.[33] No entanto, ainda se percebe uma certa resistência na aplicação da Constituição Federal.[34]

Com esta breve referência histórica, é possível que se explique, pelo menos em parte, o baixo emprego da Constituição no Direito Civil.[35] A clara separação do Direito Público e do Direito Privado fazia com que fosse

---

[28] Maria Celina Tepedino, op. cit., p. 22.

[29] Ibid.

[30] Rosa Maria de Campos Aranovich, Incidência da Constituição no Direito Privado. *Revista da Procuradoria-Geral do Estado*, 1994, p. 49.

[31] Rosa Maria de Campos Aranovich. Op. cit., p. 49.

[32] Júlio César Finger, op. cit., p. 91.

[33] Ibid.; Ricardo Aronne, *Propriedade e Domínio* - Reexame Sistemático das Noções Nucleares de Direitos Reais. Renovar, 1999, p. 43.

[34] Ibid., p. 104; ibid., p. 44 e 45.

[35] Gustavo Tepedino, op. cit., p. 1.

necessária uma lei específica para cada ramo do direito, os quais não interagiam.[36] A dificuldade em se aplicar a Constituição de 1988 decorre desta falta de costume em se aplicar leis que tradicionalmente tratavam somente de Direito Público no Direito Privado.

"O Código Civil certamente perdeu a centralidade de outrora. O papel unificador do sistema, tanto nos seus aspectos mais tradicionalmente civilísticos quanto naqueles de relevância publicista, é desempenhado de maneira cada vez mais incisiva pelo Texto Constitucional".[37]

O descompasso do Código Civil com a realidade fática da sociedade moderna[38] fez com que este fosse perdendo sua imponência e, mesmo, seu *status* de "guardião" de tudo que fosse relacionado ao Direito Privado.[39] Na esteira deste processo de degradação, surgem leis extracodificadas, com o propósito de disciplinar as relações privadas naquilo que o Código já não fazia adequadamente.[40] Leis estas que são mais objetivas e especializadas do que a codificação.[41]

A legislação extravagante proporciona ao Estado um maior controle sobre as relações interpessoais. Não obstante, este tipo de lei ainda tem a vantagem de poder ser modificada sempre que necessário, visando à garantia dos "objetivos sociais e econômicos definidos pelo Estado".[42] Ou seja, ganha força o dirigismo contratual patrocinado pelo Estado.[43] Aliás, um Estado que começa

---

[36] Maria Celina Tepedino, op. cit., p. 22; Rosa Maria Aranovich, op. cit., p. 48 e 49.

[37] Teresa Negreiros. *Sistema e Cláusula Geral* – A boa-fé Objetiva no Processo Obrigacional. São Paulo: USP, 1996. Tese (Doutorado em Direito), Faculdade de Direito, Universidade de São Paulo, 1996.

[38] Júlio César Finger, op. cit., p. 91; e Gustavo Tepedino, op. cit., p. 5.

[39] Maria Celina Tepedino, op. cit., p. 24.

[40] Gustavo Tepedino, op. cit., p. 4 e 5.

[41] Ibid., p. 6.

[42] Ibid., p. 7.

[43] Ibid., p. 6.

a mostrar características muito mais ligadas ao de um Estado Social do que de um Estado Liberal. Os traços característicos deste Estado Social, que intervém nas relações de Direito Privado, podem ser facilmente notados na jurisprudência:

"Ementa: Ação revisional. Contrato de Abertura de Crédito em Conta de Empréstimo. Possibilidade de revisar. Tanto o sistema de direito civil como o CDC ensejam a intervenção judicial no dirigismo contratual para ajustamento das cláusulas abusivas, sendo possível o pleito. Aplicabilidade do CDC Inteligência do § 2º, art. 3º, Lei nº 8.078/90. Juros Remuneratórios. Devem prevalecer no montante ajustado até o implemento do denominado Plano Real, ficando, após, ao limite sempre referido pelo ordenamento - 12% ao ano. Capitalização. Anual – ART. 4º, d. nº 22.626/33. Indexador da correção monetária. Sendo utilizada a TR, embora não convencionada, deve ser adotado o IGP-M. Comissão de permanência. Tema prejudicado por não ajustado e nem exigido. Matéria devolvida. A pretensão recursal fica limitada As matérias devolvidas, que não envolve o pleito por compensação inicialmente indicado. ASsistência judiciária. Satisfeito o requisito do preparo e nao apreciado o benefício na instância originária, não é possível suprir um grau de jurisdição. Apelação provida em parte. (Apelação Cível nº 70000327403, Décima Sexta Câmara Cível, Tribunal de Justiça do RS, Relator: Des. Paulo Augusto Monte Lopes, Julgado em 09/08/00)."

Na situação *suj judice* descrita acima, foi realizado um contrato, no qual um dos contratantes impôs cláusulas que lhe eram desproporcionalmente benéficas. Constatada a respectiva abusividade, foi chamado o Judiciário para intervir na relação contratual, tutelando o equilíbrio entre as partes. A atuação do Poder Judiciário nestes casos deve ser entendida como um ato de extensão do Estado Social, pois o Judiciário é um dos braços do Poder Público.[44] Desta forma, resta caracterizado o dirigismo contratual patrocinado pelo Estado Social.

"ementa: Compromisso de compra e venda – Aplicação do dirigismo contratual afastando a do *pacta sunt servanda*. O contrato de compromisso de compra e venda é daqueles que se inserem na teoria do dirigismo contratual e por isso afasta o hermetismo do *pacta sunt servanda*. Consumo e relação interpessoal tutelada pelo estado que dirige, assim, o conteúdo destes contratos. Existindo cláusulas contrárias à lei na feitura de tais contratos é possível, portanto, revisá-las. Apelo Improvido. (Apelação Cível nº 197049984, Nona Câmara Cível, Tribunal de Alçada do RS, Relator: Des. Wellington Pacheco Barros, Julgado em 10/06/97)"

A ementa acima transcrita é paradigmática, demonstrando a atuação do Estado Social, representado pelo Poder Judiciário. O dirigismo contratual na situação em tela, atinge seu ápice ao romper até mesmo com o princípio do *pacta sunt servanda*.

A mudança do Estado Liberal para o Estado Social fez com que surgisse a chamada legislação especial, que tem como exemplos o Estatuto da Criança e do Adolescente e o Código de Defesa do Consumidor. Esta legislação acabou por retirar e disciplinar matérias que eram inteiramente previstas no Código Civil.[45] Além disso, estas leis alteraram a técnica legislativa, pois possuem objetivos claros e fazem com que o intérprete encontre o

---

[44] Conforme Artigo 2º da Constituição Federal: São Poderes da União, independentes e harmônicos entre si, o Legislativo, o Executivo e o Judiciário.

[45] Júlio Cesar Finger, op. cit., p. 91.

caminho para a realização destes propósitos através de cláusulas gerais.⁴⁶ ⁴⁷ Ou seja, é por meio de normas mais abrangentes e abertas, diferentemente das tipificações taxativas, até então utilizadas, que esta técnica legislativa visa a seus objetivos.

A Constituição passa a incorporar "princípios e normas que estabelecem deveres sociais no desenvolvimento da atividade econômica privada".⁴⁸ A Carta Magna começa a interferir em ramos que antes eram tutelados com exclusividade pelo Código Civil, como a propriedade. No caso brasileiro, o apogeu deste tipo de Constituição se deu em 1988.

Com a mudança ocorrida no sistema jurídico, o Estado, agora Estado Social, tem seu enfoque na proteção do interesse social.⁴⁹ O Estado "deixou de se autolimitar; ao contrário, expandiu-se, limitando a liberdade individual de contratar. Mudou o fundamento ideológico: da primazia do indivíduo à primazia do social (Justiça Social)".⁵⁰ Além disso, tem-se que "na qualificação do Estado Social o dado de relevância é a importância crescente do componente social, que se exterioriza, principalmente, através do intervencionismo estatal".⁵¹

Uma das conseqüências desta reorganização do Direito Civil, tendo a Constituição como vértice, é a influência dos valores e princípios desta sobre a legislação civil.⁵² "A incidência dos valores constitucionais no tecido normativo civilista opera uma espécie de "despatrimonialização" do direito privado, em face da impor-

---

⁴⁶ Tepedino, op. cit., p. 8 e 9.

⁴⁷ Pietro Perlingieri, op. cit., p. 27; Tepedino, op. cit., p. 9.

⁴⁸ Tepedino, op. cit., p. 7.

⁴⁹ Ricardo Aronne. *Propriedade e Domínio*, op. cit., p. 37 e 41.

⁵⁰ Paulo Lobo. *Do contrato no estado social* – crise e transformação. Maceió: Ed. Edufal, 1983, p. 125.

⁵¹ Paulo Lobo. Op. cit., p. 125.

⁵² Esta influência dos princípios e valores constitucionais pode ser notada na jurisprudência brasileira.

tância atribuída pela Constituição à pessoa humana".⁵³ É através da Constituição que se tornou possível a desapropriação de uma propriedade que não estivesse atendendo a sua função social, o que, até então, era considerado inviável pelo Código Civil de 1916, onde se tinha o direito de propriedade como absoluto.⁵⁴

O atual Código Civil incorporou a perspectiva Constitucional sobre a propriedade, relativizando o direito do proprietário. Assim como com os contratos, o Código Civil estabelece que a propriedade deve atender a sua função social.⁵⁵

> "A estrutura da propriedade privada na nova Codificação apresenta algumas inovações significativas, no sentido de incorporar os princípios constitucionais informadores da matéria, não se tratando, neste aspecto, de meras reformas formais (Art. 1228, § 1°, do nCC). As limitações, de certo modo, indicam a forma pela qual é possível a concretização da propriedade funcionalizada. Consagra-se de forma definitiva a relativização do direito de propriedade, afastando-se a tradição patrimonialista e individualista consagrada na legislação em ocaso".⁵⁶

Esta mudança axiológica no Direito Privado, como no caso da propriedade, deve-se à releitura do instituto da propriedade à luz dos princípios constitucionais.⁵⁷ Na concepção clássica do Direito Civil, as cláusulas gerais e os princípios constitucionais "só seriam utilizados em sede interpretativa na omissão do legislador, e

---

⁵³ Rosa Maria Aranovich, op. cit.
⁵⁴ Ibid., p. 55; Ricardo Aronne, *Propriedade e Domínio*, op. cit., p. 184 e 185.
⁵⁵ Artigo 1.228 combinado com o artigo 2.035, ambos do Código Civil.
⁵⁶ Eduardo Kraemer. Algumas anotações sobre os direitos reais no novo Código Civil. In. SARLET, Ingo Wolgang (org.). *O novo Código Civil e a Constituição*. Porto Alegre: Livraria do Advogado, 2003, p. 201.
⁵⁷ Júlio Cesar Finger, op. cit., p. 92 a 95 e 101.

após serem descartadas a analogia e a fonte consuetudinária".[58] Entretanto, o "trabalho hermenêutico do jurista moderno dirige-se para a aplicação direta e efetiva dos valores e princípio da Constituição, [...] tende-se, na atualidade, a não mais permitir a utilização das normas constitucionais apenas em sentido negativo, isto é, como limites dirigidos apenas ao legislador".[59]

A aproximação do Direito Constitucional com o Direito Civil não significa que o Direito Público esteja assumindo o lugar do Direito Privado. Como salienta Gustavo Tepedino, "a intervenção direta do Estado nas relações de direito privado, por outro lado, não significam um agigantamento do direito público em detrimento do direito civil que, dessa forma, perderia espaço, como temem alguns. Muito pelo contrário, a perspectiva de interpretação civil-constitucional permite que sejam revigorados os institutos do direito civil, muitos deles defasados da realidade contemporânea e por isso mesmo relegados ao esquecimento e a ineficácia, repontencializando-os de molde a torná-los compatíveis com as demandas sociais e econômicas da sociedade atual".[60]

Contudo, não se deve almejar que a Constituição Federal substitua o Código Civil tutelando os ramos do Direito Privado previstos na codificação, pois esta não é a sua função.[61] A Carta Magna mostra o caminho para que se proteja a dignidade da pessoa humana e se superem as desigualdades sociais.

Para que o sistema jurídico possua flexibilidade, mantendo-se atualizado e proporcionando um mínimo de segurança jurídica, é necessária a utilização de cláusulas gerais.[62] Estas possibilitam uma maior aproxima-

---

[58] Tepedino Gustavo, op. cit., p. 18.
[59] Rosa Maria Aranovich, op. cit., p. 58.
[60] Tepedino Gustavo, op. cit., p. 21.
[61] Paulo Nalin, op. cit., p. 89.
[62] Adriana Mandim, op. cit., p. 33.

ção com os princípios e valores constitucionais e sociais.⁶³ A estrutura de uma cláusula geral remete os operadores do direito para modelos sociais "que estatuem valores ou padrões de comportamentos sociais, profissionais, econômicos ou morais e permite que um número ilimitado de situações concretas sejam reguladas e enquadradas naquele valor maior ressaltado na norma 'vaga'".⁶⁴

A releitura do Direito Civil à luz da Constituição Federal acabou por alterar as bases de institutos jurídicos, como se verifica nos contratos. Em relação a estes, é difícil determinar exatamente quando surgiram, pois sua origem se mistura com a do próprio Direito. Nos moldes atuais, pode-se afirmar que os pactos tiveram seu início no período napoleônico.⁶⁵ Não obstante a evolução nas relações jurídicas, algo se perpetuou no tempo, de que os contratos são frutos da vontade e do consenso.⁶⁶

Apesar de a vontade ser essencialmente individual, nas relações intersubjetivas, para que se chegue a um acordo, é necessário que as partes demonstrem uma certa transigência.⁶⁷ Sem uma redutibilidade volitiva dos contratantes em seus posicionamentos, dificilmente seria possível a realização de um contrato, o qual pressupõe acordo de vontades.⁶⁸

A união dos povos em grupamentos civilizados e volumosos fez com que as relações intersubjetivas se tornassem mais freqüentes.⁶⁹ A troca de bens, mercado-

---

⁶³ Adriana Mandim, op. cit., p. 33.
⁶⁴ Ibid., p. 37.
⁶⁵ Júlio Cesar Finger, op. cit., p. 86, e Paulo Nalin, op. cit.
⁶⁶ Nalin, op. cit., p. 110.
⁶⁷ Sílvio Rodrigues. *Direito Civil* – dos contratos e das declarações unilaterais da vontade. 28.ed. São Paulo: Saraiva, 2002. V. 3, p. 11.
⁶⁸ Ibid., p. 9 e 10; Humberto Theodoro. *O contrato e seus princípios*. Aide, 1993, p. 14 a 16.
⁶⁹ Humberto Theodoro, op. cit., p. 11e 12.

rias, riquezas em geral, se difundiu por todos os níveis da sociedade.[70] Neste contexto, nasceram e se tornaram comuns os contratos,[71] jurisdicizando fenômenos comuns do cotidiano.[72] Estes se apresentaram, no decorrer da história, como excelentes instrumentos jurídicos capazes de contribuir para o desenvolvimento dos povos.[73]

A idéia tradicional de contrato vê na vontade dos contratantes a força criadora da relação jurídica obrigacional, de sorte que nesse terreno prevalece como sistema geral a "liberdade de contratar", como expressão daquilo que se convencionou chamar "autonomia da vontade".[74]

A grande diferença do contrato, no corte que vai do clássico ao contemporâneo, é a de que na perspectiva tradicional ainda existia o fetiche de que havia igualdade entre as partes e que, por isso, estas poderiam sozinhas estabelecer direitos e deveres sem que uma delas fosse muito prejudicada ou saísse fragilizada.[75] Era permitido aos contratantes estabelecer o conteúdo e a forma que bem entendessem para os pactos. O único limite nestas relações eram os bons costumes e as normas de ordem pública.[76] Estes limitadores não deveriam ser infringidos, sob pena de nulidade do próprio contrato ou da cláusula transgressora.

No entanto, "a experiência dos regimes liberais nascidos da Revolução Francesa acabou por impor o reconhecimento da irrealidade [...] do dogma da igualdade entre os contratantes".[77] Foi como se a sociedade despertasse para as "notórias diferenças entre as pessoas, na ordem econômica, social e até jurídica.[78] As

---

[70] Humberto Theodoro, op. cit., p. 12.
[71] Ibid., p. 11e 12.
[72] Paulo Lobo, op. cit., p. 40.
[73] Humberto Theodoro, op. cit., p. 12.
[74] Ibid., p. 15.
[75] Darcy Bessone. *Do contrato – teoria geral*. 3.ed. Forense, 1987, p. 41 e 42.
[76] Maria Celina Tepedino, op. cit., p. 22; Humberto Theodoro, op. cit., p. 16 e 17.
[77] Humberto Theodoro, op. cit., p. 18.
[78] Ibid.

idéias do liberalismo puro começavam, aos poucos, a ceder lugar para as do "novo Estado", muito mais ligado ao aspecto social. Surge a figura do dirigismo contratual, com a conseqüente multiplicação das regras de ordem pública, restringindo a autonomia de vontade.[79]

Não obstante, é importante que a intervenção do Estado tenha limites; "se o total liberalismo é censurável, também o excesso de intervenção no domínio do contrato é incompatível com as idéias de liberdade e autonomia que se ligam aos direitos do homem no Estado Democrático".[80]

No Código Civil de 1916, o modelo contratual era essencialmente baseado na vontade dos contratantes.[81] A liberdade contratual, desde que não vedada por lei, em determinadas espécies, era quase ilimitada. Além disso, na vigência do referido diploma legal, um dos princípios com maior destaque era o do *pacta sunt servanda*.[82] [83] Ou seja, os contratos faziam lei entre as partes.

Diante deste modelo contratual, mesmo que existissem cláusulas abusivas inseridas nos contratos, se fossem pactuados por livre vontade das partes, seriam válidos.[84] A exceção para esta regra eram os casos que se enquadrassem no artigo 115 do Código Civil de 1916.[85] Por certo que esta realidade não poderia se perpetuar.

---

[79] João Alberto Schützer Del Nero. Do "estado liberal" ao "estado social"- o caso do direito privado? *Revista de Direito Constitucional e Internacional*, n. 41, p. 97-115, out.-dez. 2002, p. 110.
[80] Humberto Theodoro, op. cit., p. 22.
[81] Gustavo Tepedino, op. cit., p. 2 e 3.
[82] Paulo Lobo, op. cit., p. 41.
[83] Ainda hoje, a posição manualística sustenta que deve prevalecer o princípio da força obrigatória dos contratos. Neste sentido, Sílvio Rodrigues, op. cit., p. 12, 13, 17 e 18.
[84] Paulo Nalin, op. cit., p. 77.
[85] Artigo 115: "São lícitas, em geral, todas as condições que a lei não vedar expressamente. Entre as condições defesas se incluem as que privarem de todo efeito o ato, ou o sujeitarem ao arbítrio de uma das partes."

Surgiram então legislações esparsas, como o Código de Defesa do Consumidor, para evitar que abusos ocorressem nas relações contratuais.[86] Outra forma de se reprimir excessos no uso da liberdade contratual seria através de princípios como o da solidariedade e o da boa-fé.[87] [88] Todos os pactos que fossem travados e contrastassem na esfera de consumo com a função social a eles destinada estariam sujeitos à aplicação de tais valores principiológicos.[89]

O novo Código Civil, já nas disposições gerais sobre os contratos, busca tutelar as modernas relações contratuais e suas especificidades como, por exemplo, a chamada função social dos pactos. Além disso, está disposto no Código Civil atual que os contratantes devem respeitar princípios como os de probidade e boa-fé e, ainda, são estabelecidas regras para os contratos massificados que surgiram com a evolução da sociedade.

---

[86] Paulo Nalin, op. cit., p. 100 e 101.

[87] Ibid., p. 223.

[88] Ementa: Ação Revisional. Contrato de abertura de Conta-Corrente e contrato de empréstimo. Possibilidade de revisão dos contratos. Princípio da autonomia da vontade interpretado com os demais princípios que regem os contratos. Juros remuneratórios limitados a 12% ao ano. Capitalização anual afastada, de ofício, inexistente legislação autorizadora. Apelo improvido. (6 FLS.) (Apelação Cível nº 70002993590, Décima Sexta Câmara Cível, Tribunal de Justiça do RS, Relator: Des. Helena Ruppenthal Cunha, Julgado em 07/11/01)
Ementa: Ação Revisional. Contrato de abertura de crédito em Conta-Corrente. Inépcia da inicial. Inocorrência. Revisão. Cabimento. Relativismo dos princípios da autonomia da vontade e obrigatoriedade. Alegação de coisa julgada que procede em relação à matéria não impugnada no recurso do réu. Juros. Limitação. Não auto-aplicabilidade da norma do art. 192, § 3º, da Carta Republicana, cuja eficácia e contida. ADIn nº 04/7-DF. Incidência do CDC. Limitação, todavia, indevida diante da ausência de abuso na taxa remuneratória de 2,1% ao mês. Comissão de permanência. exclusão ante a potestatividade da cláusula. INteligência Do Art. 115 do Código Civil. Apelo parcialmente provido. (Apelação Cível nº 70005426465, Vigésima Câmara Cível, Tribunal de Justiça do RS, Relator: Des. José Conrado de Souza Júnior, Julgado em 18/12/02)

[89] Paulo Nalin, op. cit., p. 226 e 227.

O advento dos chamados contratos de adesão modificou drasticamente a noção de autonomia de vontade. No Código Civil de 1916, os contratantes possuíam liberdade para definir o conteúdo dos pactos. No entanto, nos contratos de adesão, é a parte mais forte quem define as regras.[90]

Teve início um período de relativização do exercício da autonomia da vontade, na medida em que "só há deliberação efetivamente livre quando uma das partes não se veja na contingência de ter de se submeter à vontade da outra".[91] Neste momento histórico, a sociedade passou a assistir um processo de despersonalização das relações contratuais.[92]

A evolução comercial acabou fazendo com que, além de se utilizar pactos já previamente formatados, mais de duas pessoas participassem da mesma relação contratual.[93] O Código Civil de 1916, concebido para que as relações comerciais fossem travadas entre dois sujeitos, deixou de se mostrar adequado também neste aspecto.[94]

Os sistemas codificados, em sua perspectiva tradicional de exegese engessada, acabam por gerar insegurança nas relações contratuais. Isto se deve ao fato de que os códigos não são capazes de tutelar de maneira satisfatória as hipóteses fáticas.[95] Nos contratos, a confiança no instituto jurídico está diretamente atrelada ao fato de existir equilíbrio entre as partes.[96] É saber que o mesmo não é abusivo e, sendo, o sujeito terá como buscar tutela. Desta forma, não parece adequado o

---

[90] Fernando Noronha, op. cit., p. 247 e 248; Paulo Lobo. *Do Contrato no Estado Social*, p. 107; e Sílvio Rodrigues, op. cit., p. 19.
[91] Darcy Bessone, op. cit., p. 41.
[92] Paulo Nalin, op. cit., p. 115.
[93] Ibid., p. 114.
[94] Ibid.
[95] Ibid., p. 72.
[96] Ibid., p. 73.

entendimento de Orlando Gomes, que coloca o princípio da força obrigatória dos contratos como o principal responsável pela segurança jurídica.[97]

A transformação ocorrida com o Direito Civil, a partir da mudança do Estado Liberal para o Estado Social, fez com que fossem revisadas as bases de institutos jurídicos como o dos contratos. Preceitos que na acepção clássica eram tidos intocáveis, como a autonomia de vontade e o de que os pactos devem ser cumpridos, foram relativizados. No Estado Social, a segurança jurídica está fundada nos princípios e valores sociais, como o da dignidade humana e da boa-fé, os quais adquiriram grande relevância.

---

[97] Orlando Gomes, op. cit., p. 36.

3. A evolução do contrato e a boa-fé

A valorização da segurança jurídica, através do cumprimento dos contratos, acabou também por realçar o princípio da boa-fé, o qual tem suas origens ligadas ao Direito Romano.[98] No entanto, em Roma, a boa-fé era tida como um poder repassado aos juízes para que estes, de forma discricionária, interviessem nos casos tutelados. Era permitido aos julgadores, através da boa-fé, fundamentar as suas decisões em fatos que não estivessem escritos ou mesmo não tivessem sido relatados pelas partes.[99]

Outras codificações que contribuíram para o desenvolvimento do conteúdo da boa-fé, nos moldes hoje vislumbrados, foram a francesa e a alemã. Nestas, surgiu, pela primeira vez, a figura da boa-fé objetiva.[100]

> "A entender-se que a boa-fé tem algum papel a desempenhar na interpretação então é de notar que se está face à 'chamada boa-fé *objectiva*', em que se exige que a declaração de vontade contratual deve ser entendida segundo critério de recíproca lealdade de conduta entre as partes, ou confiança, e não aquele estado psíquico de ignorância de uma certa situação, que é o outro significado (o significado mais usual) de boa-fé.[101]

---

[98] Teresa Negreiros. Fundamentos para uma Interpretação Constitucional do Princípio da Boa-Fé. Rio de Janeiro: Renovar, 1998, p. 1, 25 e 26.

[99] Ibid., p. 40 e 41.

[100] Ibid., p. 42 e 43.

[101] Júlio Gonçalves Salvador Manoel. A Boa-fé nas Obrigações – Natureza e Definição, *Revista dos Tribunais*, São Paulo, ano 85, p. 13-14.

Pode-se dizer que o princípio da boa-fé tem duas faces: do ponto de vista subjetivo, estando ligado diretamente ao estado psicológico das pessoas;[102] e o objetivo,[103] quando se transforma em dever de conduta durante toda a relação contratual.

Apesar de positivada expressamente, tanto no diploma alemão quanto no francês, a boa-fé somente desenvolveu-se nestes sistemas no final do século XX.[104] Várias alternativas poderiam ser suscitadas para explicar tal acontecimento. No entanto, a que parece mais plausível, é a de que não se buscou interpretar de forma adequada os artigos dos Códigos que previam a boa-fé, pois se valorizava demasiadamente a autonomia da vontade.

Em relação ao Código francês, decisões mais recentes dos tribunais passaram a reconhecer a boa-fé como um instrumento que gera deveres de conduta das partes não só na fase executiva do contrato, mas também quando da formação do mesmo.[105] No entanto, esta evolução na aplicação do princípio em exame na França mostra-se inexpressiva quando comparada com a interpretação dada para a boa-fé na Alemanha.

Não é exagero afirmar que os contornos atuais da boa-fé objetiva no pensamento jurídico ocidental são resultados diretos da doutrina e, principalmente, da jurisprudência alemã. É comumente reconhecido que o desenvolvimento da cláusula geral da boa-fé constante do BGB pelo Poder Judiciário daquele país, foi o principal responsável pela difusão do princípio em outros sistemas de direito codificado.[106]

---

[102] Teresa Negreiros, op. cit., p. 10 a 15; Judith Martins-Costa, op. cit., p. 411; e Fernando Noronha, op. cit., p. 132 e 133.

[103] Ibid., p. 15; e Fernando Noronha, op. cit., p. 136.

[104] Judith Martins-Costa, op. cit., p. 131; e Teresa Negreiros, op. cit., p .42 a 55.

[105] Teresa Negreiros, op. cit., p. 47 e 48.

[106] Ibid., p. 48 e 49.

No caso da Alemanha, é possível dizer que a interpretação mais evoluída da boa-fé teve início no período que sucedeu a Primeira Grande Guerra. Ou seja, a atual fase de aplicação do princípio ocorreu em um momento de transformações sociais e conflito.[107] Nesta nova concepção, a boa-fé se tornou um verdadeiro fiscal das relações contratuais. Com esta função, sempre que se constatasse a existência de condições contrárias ao princípio aludido, estas poderiam ser declaradas ineficazes.[108]

Em uma codificação mais moderna, como a portuguesa, não só a boa-fé está prevista expressamente, como dos artigos do Código se extrai a boa-fé objetiva de forma clara. A busca pelos reais interesses e valores da relação negocial tornou-se muito mais efetiva. Os deveres de lealdade, probidade e informação passam a ter relevância cada vez mais acentuada e marcante. O preceito se tornou tão significativo nos contratos que, em decorrência dele, até mesmo uma negociação pré-contratual poderá gerar obrigação de reparar algum dano causado pela não-concretização do pacto.

Através da responsabilidade pré-contratual, tutela-se diretamente a *fundada confiança* de cada uma das partes em que a outra conduza as negociações segundo a boa-fé; e, por conseguinte, as expectativas legítimas que a mesma lhe crie, não só quanto a validade e eficácia do negócio, mas também quanto à sua futura celebração.[109]

A análise do Código português leva a concluir que a boa-fé está presente e deve ser observada durante todas as fases do relacionamento negocial: a preparatória, a integrativa e a do cumprimento da obrigação. Nestes mesmos moldes é o tratamento dispensado pelo novo Código Civil brasileiro ao tema. Na nova codifica-

---

[107] Ibid., p. 51.
[108] Ibid., p. 55 e 56.
[109] Mário Júlio de Almeida Costa. *Direito das Obrigações*. 5.ed. Coimbra: Almedina, 1991, p. 237-238.

ção, o princípio da boa-fé objetiva está contido de forma clara no artigo 422:[110] "Os contratantes são obrigados a guardar, assim na conclusão do contrato, como em sua execução, os princípios de probidade e boa-fé".

O artigo acima mencionado, em conjunto com o artigo 421 do mesmo diploma legal, que prevê que "a liberdade de contratar será exercida em razão e nos limites da função social do contrato", servem não só como critério de interpretação-integração nas relações negociais, mas também como limitadores da autonomia da vontade.

Deve-se ressaltar que a boa-fé objetiva não teve sua estréia em uma legislação brasileira no Código Civil, mas sim no Código de Defesa do Consumidor, o qual, aliás, traz em seus ditames diversos princípios constitucionais.[111] Para Antônio Junqueira de Azevedo, a boa-fé objetiva introduzida na Lei 8.078/90 funciona como regra de conduta nas relações contratuais.[112] Sobre a boa-fé no Código de Defesa do Consumidor, conclui Ruy Rosado de Aguiar Júnior:

> "A boa-fé é uma cláusula geral cujo conteúdo é estabelecido em concordância com os princípios gerais do sistema jurídico (liberdade, justiça e solidariedade, conforme está na Constituição da Repú-

---

[110] Em relação a este artigo, três enunciados aprovados na Jornada de Direito Civil promovida pelo Centro de Estudos Judiciários do Conselho de Justiça Federal, de 11 a 13/09/2002.
24 – em virtude do princípio da boa-fé, positivado no art. 422 do novo Código Civil, a violação dos deveres anexos constitui espécie de inadimplemento, independente de culpa.
25 – o art. 422 do Código Civil não inviabiliza a aplicação, pelo julgador, do princípio da boa-fé nas fases pré e pós-contratual.
26 – a cláusula geral contida no art. 422 do novo Código Civil impõe ao juiz interpretar e, quando necessário, suprir e corrigir o contrato segundo a boa-fé objetiva, entendida como a exigência de comportamento leal dos contratantes.

[111] Ruy Rosado de Aguiar Júnior. A boa-fé na relação de consumo, *Revista Direito do Consumidor*, São Paulo, n. 14, p. 20-27, abr-jun. 1995.

[112] Antônio Junqueira de Azevedo. A Boa-Fé na Formação dos Contratos, in *Revista da Faculdade de Direito da USP*, São Paulo, v. 87, p. 79-90, 1992.

blica), numa tentativa de 'concreção em termos coerentes com a racionalidade global do sistema".[113]

Quando se trata de princípios, nunca é demais ressaltar que para se aproveitar o máximo deles, os mesmos não devem guardar semelhança estrutural com as normas definidas através de conceitos rígidos e codificados, sob pena de se tornarem ineficazes. Eles devem ser gerais o suficiente para que sejam funcionais.[114]

A valorização de princípios como o da dignidade da pessoa humana, da igualdade entre os sujeitos e da justiça social, os quais passam a ter interferência direta no Direito Privado a partir da Constituição Federal de 1988, fez com que não tivesse mais sentido o antagonismo entre os Direitos Público e Privado.[115] "Os objetivos constitucionais de construção de uma sociedade livre, justa e solidária e de erradicação da pobreza colocaram a pessoa humana – isto é, os valores existenciais – no vértice do ordenamento jurídico brasileiro, de modo que tal é o valor que conforma todos os ramos do direito".[116] A ingerência do Estado, de forma a colocar no centro das relações contratuais os preceitos de ordem pública estabelecidos na Carta Magna, fez com que o patrimônio deixasse de estar em primeiro plano, cedendo lugar para a busca da função social nas relações intersubjetivas. "A incidência dos valores constitucionais no tecido normativo civilista opera uma espécie de 'despatrimonialização' do direito privado, em face da importância atribuída pela Constituição à pessoa humana".[117]

Esta modificação valorativa no Direito Civil, que teve como ponto de partida os ditames constitucionais,

---

[113] Ruy Rosado de Aguiar Júnior, op. cit., p. 24.
[114] Teresa Negreiros. *Fundamentos para uma Interpretação Constitucional do Princípio da Boa-Fé*, op. cit., p. 105 a 107.
[115] Maria Celina B. M. Tepedino, op. cit., p. 26.
[116] Ibid.
[117] Rosa Maria de Campos Aranovich, op. cit., p. 52.

acabou refletindo em legislações mais recentes, como o Código de Defesa do Consumidor e o atual Código Civil. Restou cada vez mais concretizado o afastamento da propriedade como cerne das relações intersubjetivas. Dentre os princípios que colaboraram para este processo, não se pode deixar de citar o da boa-fé.

A compreensão da complexidade das relações jurídicas obrigacionais, as quais se constituem de múltiplos deveres,[118] colocando em evidência a necessidade de fiscalização do comportamento dos contratantes, fez com que ganhasse destaque o princípio da boa-fé. Através deste, poder-se-ia também exercer um certo controle sobre a autonomia de vontade.[119] [120] No entanto, a manualística não confere à boa-fé esta função,[121] pois entende que somente a ordem pública e os bons costumes servem para limitar a liberdade de contratar.[122]

---

[118] Jorge Cesa Ferreira da Silva. *A boa-fé e a violação positiva do contrato*. Rio de Janeiro: Renovar, 2002., p. 61 a 70.

[119] Uma das funções da boa-fé é a de limitar a autonomia da vontade.

[120] Neste sentido é o posicionamento da jurisprudência.
Ementa: Embargos a ação monitória. Contrato de abertura de crédito em conta corrente. Princípio da intangibilidade dos contratos. Juros. Limitação constitucional afastada, por depender de regulamentação. 1. Ainda que revestido o contrato de aparente legalidade, perfeitamente viável a possibilidade de revisão de cláusulas contratuais supostamente ilegais ou abusivas, por mitigação do princípio *pacta sunt servanda*, a fim de evitada a onerosidade excessiva, como dá exemplo o disposto no art. 51, inc-iv, do Código de Defesa do Consumidor, a determinar a nulidade de cláusulas contratuais consideradas iníquas ou abusivas, que coloquem o consumidor em desvantagem exagerada ou sejam incompatíveis com a boa-fé ou a eqüidade. 2. Pendente de regulamentação o art. 192, par-3 da Constituição Federal como já decidiu o STF, indevida a limitação das taxas de juros em 12% ao ano. Impossibilidade de limitação com fundamento em legislação infraconstitucional, pois as instituições financeiras integrantes do sistema financeiro nacional não se aplicam às disposições do Decreto 22.626/33. (11 fls.) (Apelação Cível nº 70001059278, Décima Oitava Câmara Cível, Tribunal de Justiça do RS, Relator: Des. Cláudio Augusto Rosa Lopes Nunes, Julgado em 31/08/00)

[121] Orlando Gomes. *Contratos*. 21.ed. Forense, 2000, p. 24; e Sílvio Rodrigues, op. cit., p. 60.

[122] Ibid.

No âmbito dos contratos, a autonomia de vontade deve ser entendida como a possibilidade de determinação consensual do conteúdo dos mesmos, além, é claro, da escolha de contratar ou não e com quem fazê-lo. No entanto, a teoria da vontade não se resume a isso.

A mudança nas relações contratuais fez com que surgissem pactos que não reflitam o real pensamento de um contratante. Um caso como este pode ser decorrência da necessidade econômica ou da situação de inferioridade em que se encontra determinado contratante, não realizando, assim, um pacto por livre e espontânea vontade.

Em uma concepção tradicional,[123] a valoração da vontade do indivíduo sempre esteve presente de forma consistente nas figuras jurídicas, a tal ponto de ela ser tomada como elemento natural destas.[124] A própria lei, ao determinar a hipótese de incidência da norma, previa que a vontade das partes era componente necessário para a perfectibilização do referido suporte. Neste caso, a vontade servia como elemento integrador do contrato.[125]

Nesta época, o dogma da vontade era ainda mais forte do que é hoje, pois era considerado elemento intrínseco das relações jurídicas; os atos lastreados pela autonomia da vontade tinham efeito vinculante entre as partes.[126] Vigorava o princípio do *pacta sunt servanda*. Se os contratantes divergissem, o juiz, para resolver o caso, teria de se socorrer do que os próprios envolvidos disciplinaram autonomamente.

---

[123] Fernando Noronha, op. cit., p. 41 e 42.

[124] Darcy Bessone, op. cit., p. 31 a 33; Fernando Noronha, op. cit., p. 41 a 45, 111 e 112; Humberto Theodoro, op. cit., p. 15 e 16; e Orlando Gomes, *Contrato*, op. cit., p. 22 e 23.

[125] Darcy Bessone, op. cit., p. 31 a 33; Fernando Noronha, op. cit., p. 41 a 45; Humberto Theodoro, op. cit., p. 15 e 16; e Orlando Gomes. *Contratos*, op. cit., p. 22 e 23.

[126] Ibidem e também Clóvis Veríssimo do Couto e Silva, op. cit., p. 17 e 18.

O atual Código Civil, ao tratar da cláusula *rebus sic stantibus*, determina que o juiz pode intervir nas relações contratuais, mas restringe esta possibilidade aos casos de clara desproporção entre o que foi ajustado quando da celebração do contrato e o valor da prestação na época da execução.[127] Além disso, "é imprescindível que a causa da desproporção tenha sido realmente imprevisível e que tenha havido pedido expresso de uma das partes, sendo vedado ao juiz determinar a correção de ofício".[128]

Até alguns anos, o preceito de que os pactos são absolutos vigorava sem contestações. Hoje, o princípio do *pacta sunt servanda* pode ser relativizado em casos específicos.[129] Neste sentido, o acórdão da Apelação Cível nº 70006019327, julgada em 09/04/2003, pela 16ª Câmara Cível do Tribunal de Justiça do Rio Grande do Sul, onde está disposto:

"Ação revisional de contrato. Revisão de contrato. Possibilidade. ato jurídico perfeito. Princípio do *pacta sunt servanda*. O ato jurídico perfeito e o princípio do *pacta sunt servanda* não impedem a parte a pretensão de revisar judicialmente o contrato com o fito de extirpar do mesmo cláusulas eivadas de nulidade absoluta. o ato jurídico viciado em sua legalidade não pode qualificar-se como ato jurídico perfeito. já o princípio do *pacta sunt servanda* diz respeito à vontade das partes, a qual não pode sobrepor-se aos ditames da lei. Aplicabilidade do Código de Defesa do Consumidor aos Contratos Bancários. O Código de Defesa do Consumidor

---

[127] Artigo 317 do Código Civil: "Quando, por motivos imprevisíveis, sobrevier desproporção manifesta entre o valor da proteção devida e o do momento de sua execução, poderá o juiz corrigi-lo, a pedido da parte, de modo que assegure, quanto possível, o valor real da prestação."
[128] Mário Delgado, *O novo Código Civil e uma nova teoria geral das obrigações*. Disponível em: http://www.intelligentiajuridica.com.br. Acesso em 2003.
[129] Fernando Noronha, op. cit. p. 42 e 43.

aplica-se aos contratos bancários por expressa disposição do artigo 3º, parágrafo 2º do referido diploma legal. Juros remuneratórios. Com a decisão definitiva do Supremo Tribunal Federal, consignada na ADIn nº 4/DF, pela não auto-aplicabilidade do § 3º, do art. 192, da Constituição Federal, restam vencidas as decisões judiciais de instâncias inferiores no sentido de limitar os juros a 12% ao ano. Porém, consideradas as peculiaridades da atual situação econômica do país, advindas da implementação do plano real, quando os índices inflacionários passaram a girar em torno de 1% ao mês, afigura-se abusiva toda a cláusula contratual que estabeleça juros remuneratórios acima de certo patamar, compatível com o mercado e com o novo momento sócio-econômico. Assim, nos contratos onde a pactuação dos juros impõe onerosidade excessiva ao consumidor, tem aplicação o disposto no art. 51, inc. IV, do Código de Defesa do Consumidor, que comina pena de nulidade as cláusulas abusivas. capitalização dos juros. A capitalização dos juros só é admitida nos saldos negativos das contas-correntes, na forma anual, ou nas situações apontadas na súmula 93, do STJ, quando poderá ser mensal ou semestral multa. Pela inadimplência, é possível a pactuação da multa. nos contratos posteriores a LEI n. 9.298, de 01.08.96, que modificou o § 1º, do art. 52, da Lei n. 8.078/90, a multa deve ser de 2% sobre o saldo devedor. Correção monetária. Indexador não definido no contrato. Incidência da TR. Inadmissibilidade. Não prevendo o contrato de forma expressa qualquer indexador para efeito de correção monetária do débito, o IGP-M tem se mostrado o índice mais benéfico ao consumidor. Inadmissibilidade de incidência da TR, uma vez que não contratada e unilateralmente imposta pela parte credora. Inteligência dos artigos 115 do CC e

52, inciso III, do CDC. E inacumulável a comissão de permanência com correção monetária, nos termos da Súmula n. 30, do STJ. Processual civil. Honorários. Fixação. Parâmetros. É imperativa a aplicação do § 4º do art. 20, do CPC, mostrando-se excessivamente modesta a verba honorária atribuída ao procurador da autora, frente ao trabalho desenvolvido, merecendo ser, portanto, parcialmente elevada. Primeiro recurso provido em parte. Segundo recurso improvido. (Apelação Cível nº 70006019327, Décima Sexta Câmara Cível, Tribunal de Justiça do RS, Relator: Des. Claudir Fidelis Faccenda, Julgado em 09/04/03)"

O reflexo da visão clássica da autonomia da vontade na interpretação e na execução dos contratos encontrava guarida expressa no Código Civil de 1916, no artigo 85, o qual dispunha que "nas declarações de vontade se atenderá mais à sua intenção que ao sentido literal da linguagem". O novo Código Civil manteve esta percepção sobre a autonomia da vontade, precisamente no artigo 112.[130]

Na concepção tradicional da autonomia da vontade, somente na presença de vícios é que se poderia invalidar um negócio jurídico.[131] As causas com o condão de anular atos jurídicos seriam aquelas que incidissem diretamente na vontade manifestada. Logo, mesmo que algum problema existisse na relação jurídica, se a volição mantinha-se intocada, a única possibilidade existente seria a de cumprir o contrato.[132]

Tal concepção de autonomia da vontade não se enquadra nas circunstâncias inerentes à sociedade mo-

---

[130] Artigo 112: Nas declarações de vontade se atenderá mais à intenção nelas consubstanciada do que ao sentido literal da linguagem.

[131] Darcy Bessone, op. cit., p. 31 a 33; Fernando Noronha, op. cit., p. 41 e 42; Humberto Theodoro, op. cit., p. 15 e 16; Orlando Gomes. *Contratos*, op. cit., p. 22 e 23; e Clóvis V. do Couto e Silva, op. cit., p .24 a 27.

[132] Ibid.

derna, na qual ocorreu o fenômeno da massificação das relações contratuais.[133] Atualmente, mesmo que um indivíduo não queira, ele é praticamente compelido a contratar.[134] Isto ocorre por força de necessidades e costumes hoje presentes. Estes atos, denominados de conduta socialmente típica, deixam de pertencer ao campo caracteristicamente contratual, pois o que se passa a considerar são os resultados fáticos, e não a vontade.

"A sociedade moderna vem-se caracterizando por incessante e progressiva padronização. Assim, à margem dos seus tipos legais, estabeleceram-se os que se poderiam denominar de sociais, por obra e influência de práticas reiteradas (...) a vontade individual, em virtude da objetivação decorrente da incidência daqueles fatores sociais, vai passando para o segundo plano.[135]

Modernamente, com a influência de valores sociais, como os decorrentes do princípio da boa-fé, nota-se um desenvolvimento jurisprudencial no sentido de direcionar a interpretação das relações jurídicas para o reequilíbrio das prestações, atendendo verdadeiramente ao que as partes desejam.[136] Entretanto, esta vontade deve estar em consonância com os princípios constitucionais e com a função social dos pactos, sob pena de a mesma ser limitada pela intervenção do Estado.[137]

A autonomia da vontade "continua a ocupar lugar de relevo dentro da ordem jurídica privada, mas, ao seu lado, a dogmática moderna admite a jurisdicização de certos interesses, em cujo núcleo não se manifesta o

---

[133] Nalin, op. cit., p. 170 a 172; Fernando Noronha, op. cit., p. 112.

[134] Ibid.

[135] Clóvis Veríssimo do Couto e Silva. *A obrigação como Processo*. Rio de Janeiro: José Bushatsky Ltda, 1976, p. 92.

[136] Nalin, p. 138 e 139.

[137] Ibid., p. 170 a 174.

aspecto volitivo. Da vontade e desses interesses juridicamente valorizados, dever-se-ão deduzir as regras que forma a dogmática atual".[138]

Para Antônio Junqueira de Azevedo, "a autonomia da vontade é o poder ou a possibilidade de o indivíduo produzir direito".[139] A teoria tradicional não admitia uma restrição de vontade que fosse superior a uma espécie de fronteira dentro da qual as partes poderiam atuar sem intervenção estatal.[140] Estes limites seriam os bons costumes e a ordem pública.[141] Admitida a plena autonomia de vontade nas relações contratuais, jamais existiriam contratos passíveis de anulação, respeitados os bons costumes e a ordem pública. No entanto, para que se chegue a esta conclusão, nunca é demais lembrar que, na época, o princípio do *pacta sunt servanda* era praticamente absoluto.

Com a evolução das relações sociais, restou mais clara a crescente desigualdade entre os contratantes e, em face disto, o princípio do *pacta sunt servanda* deixou de ser inquestionável.[142] Em grande parte, esta acentuação da disparidade é fruto das chamadas relações de massa, pois com elas nasceram os contratos de adesão, nos quais, via de regra, a vontade de um dos contratantes é imposta ao outro.[143]

A massificação das relações intersubjetivas e a notória superioridade de um dos contratantes sobre o outro são fatores que colaboraram para o surgimento dos contratos de adesão. Nestes, via de regra, só cabe à

---

[138] Clóvis Veríssimo do Couto e Silva, op. cit., p. 27.
[139] Teresa Negreiros. *Fundamentos para uma Interpretação Constitucional do Princípio da Boa-Fé*, op. cit., p. 195, apud Antônio Junqueira de Azevedo, *in Estudos em Homenagem ao Professor Sílvio Rodrigues*, p. 14.
[140] Ibid., p. 193 a 197.
[141] Ibid., p. 197.
[142] Teresa Negreiros. *Fundamentos para uma Interpretação Constitucional do Princípio da Boa-Fé*, op. cit., p. 202 a 203.
[143] Paulo Luiz Neto Lobo, op. cit., p. 107 e 108; e Fernando Noronha, op. cit., p. 247 a 249.

parte mais fraca a escolha de aderir ou não ao pacto que lhe é apresentado, não lhe sendo oportunizado propor alguma alteração do mesmo.[144] Aliás, é extremamente comum que as pessoas se deparem com contratos onde, praticamente, só falta a assinatura delas, pois estes são padronizados.[145]

O maior problema gerado pelos contratos de adesão, é não se poder mais escolher nem com quem deseja contratar. Esta situação pode decorrer da existência de monopólio em determinados setores, ou, ainda, da essencialidade dos serviços ou bens pactuados.

Existe ainda outra situação fática, na qual o pretenso contratante tem a possibilidade de optar com quem irá realizar o negócio jurídico, mas esta alternativa de nada lhe serve, na medida em que todos os possíveis contratantes estipulam pactos semelhantes. Um bom exemplo desta situação é o que acontece quando se realizam contratos com Instituições Financeiras.[146] Não obstante, quando se fala em relações bancárias, resta mais cristalino ainda o processo de despersonalização das relações contratuais, pois nestas, em geral, o cliente é apenas mais uma pessoa que adere a um padrão contratual já estabelecido.[147]

Diante desta realidade e, de certa forma, pressionado pelos reclamos da sociedade, o Estado passa a intervir nas relações intersubjetivas, de forma a buscar restabelecer a igualdade contratual e evitar os abusos praticados nos contratos, como os de adesão. Para alguns juristas, como Antônio Junqueira de Azevedo, esta intervenção do Estado na busca por contratos mais justos acaba, até mesmo, por mitigar a essência dos

---

[144] Paulo Luiz Neto Lobo, op. cit., p. 107 e 108; e Fernando Noronha, op. cit., p. 247 a 249.
[145] Ibid.
[146] Maria Helena Diniz. *Curso de Direito Civil Brasileiro*. 18 ed. São Paulo: Saraiva. 2003. v. 3, p. 90.
[147] Maria Helena Diniz. Op. cit., p. 90.

mesmos.[148] No entanto, considera-se um exagero a posição acima citada. Mais adequado é o posicionamento adotado por Enzo Roppo:

"Está agora claro que as transformações do instituto contratual, que designámos em termos da sua objectivação, não contrariam, mas antes secundam, o princípio da autonomia privada, desde que se queira ter deste princípio uma noção realista e correcta: autonomia privada, portanto, não como sinónimo de 'autonomia da vontade individual', mas como forma jurídica e legitimação da liberdade económica, da liberdade de prosseguir o lucro ou, então, de actuar segundo as conveniências de mercado – nos modos ou com as técnicas adequadas ao tipo de mercado historicamente determinado. Por outras palavras, as tendências objectivistas do direito moderno não vão necessariamente contra o princípio da autonomia privada, porque este – como já se tinha advertido – não se identifica com o 'dogma da vontade'."[149]

O Estado, ao intervir nas relações privadas, deve fazê-lo com o objetivo de que estas atendam aos princípios constitucionais, especialmente o da dignidade da pessoa humana, da solidariedade e da justiça social. A intervenção do ente público deve ser realizada com cautela, pois a livre iniciativa, a propriedade privada e o direito adquirido também são valores constitucionais.[150]

Neste contexto, o princípio da boa-fé "é indispensável na medida em que sua aplicação importa, [...] numa 'limitação' à autonomia privada, seja no âmbito das restrições legislativas elaboradas com fundamento no

---
[148] Antônio Junqueira de Azevedo. O Direito Civil tende a desaparecer?, in *Revista dos Tribunais*, São Paulo, n. 472, p-15-21, 1975.

[149] Enzo Roppo. *O contrato*. Coimbra: Almedina, 1988, p. 310-311.

[150] Adriana Mandim, op. cit., p 45 e 46.

princípio, seja [...], através da atuação judicial, que, com base na boa-fé objetiva, impõe deveres às partes contratantes em franca desconsideração pela vontade manifestada por uma ou, até mesmo, por ambas as partes".[151]

Com efeito, o princípio da boa-fé deve ser utilizado como limitador do voluntarismo jurídico nos casos em que, pelo excesso de autonomia, não foram respeitados preceitos como o da dignidade da pessoa humana, da igualdade e da solidariedade.

Aliás, o princípio em exame "como resultante necessária de uma ordenação solidária das relações intersubjetivas, patrimoniais ou não, projetada pela Constituição, configura-se, muito mais do que como fator de compressão da autonomia privada, como um parâmetro para a sua funcionalização à dignidade da pessoa humana, em todas as suas dimensões".[152]

A grande aplicação e valorização da boa-fé é vislumbrada na incidência sobre o caso concreto.[153] Desta forma, a fixação de uma normatividade para a boa-fé poderia enfraquecer o próprio princípio.

Os princípios não foram criados para terem aplicação e conceitos específicos, pois esta função é destinada às normas comuns,[154] codificadas e com definições rígidas, que não podem ser alteradas. Aliás, bem pelo contrário, os princípios surgiram para serem regras gerais que atuem não só supletivamente, mas também como fonte de obrigações e deveres na busca da finalidade nas relações jurídicas.

Desta forma, poderia se considerar a boa-fé "como una causa o una fuente de creación de especiales deberes de conducta exigibles en cada caso, de acuerdo con la

---

[151] Teresa Negreiros. *Fundamentos para uma interpretação constitucional do princípio da boa-fé*. Op. cit., p. 187, destacado, 1º parágrafo.

[152] Ibid., p. 222 e 223.

[153] Ibid., p. 225 e 226.

[154] Jorge Cesa Ferreira da Silva, op. cit., p. 42 a 45.

naturaleza de la relación jurídica y con la finalidad perseguida por las partes través de ella".[155]

O princípio da boa-fé deve ser empregado de modo a que a finalidade das relações contratuais seja alcançada.[156] A finalidade referida é a dos contratos, e não de um específico contratante. O que se está tutelando é o objetivo social, e não o individual das relações intersubjetivas.[157]

A boa-fé também pode ser analisada como fonte de deveres e, até mesmo, de limitação ao exercício de direitos subjetivos. Além disso, a boa-fé serve como instrumento de interpretação das relações intersubjetivas. Essa tripartição de funções encontra-se consolidada na doutrina.

São tradicionalmente imputadas à boa-fé três distintas funções, quais sejam, a de cânone hermenêutico-interpretativo do contrato, a de norma de criação de deveres jurídicos e a de norma de limitação ao exercício de direitos subjetivos.[158]

Considerada como a função mais difundida da boa-fé,[159] a hermenêutico-integrativa, visa a suprir lacunas e a flexibilizar a vontade declarada. Por mais cuidado que os contratantes tenham no momento de disporem as regras dos pactos, podem ocorrer situações imprevisíveis. Sendo assim, nestes casos, a boa-fé é utilizada para preencher estes espaços normativos.

---

[155] Teresa Negreiros, apud Díez Picazo no prefácio à tradução espanhola de Franz Wieacker, *El principio general de la buena fe*, 2.ed., Madrid: Civitas, 1982, p. 19.
[156] Idem. *Fundamentos para uma Interpretação Constitucional do Princípio da Boa-Fé*, op. cit., p. 233 e 234.
[157] Ibid., p. 235.
[158] Teresa Negreiros, *apud* Judith Martins-Costa, *Sistema e Cláusula Geral – A Boa-Fé Objetiva no Processo Obrigacional*, Tese de Doutorado, USP, set. 1996 p. 530.
[159] "Com efeito, a primeira função, hemenêutico-integrativa, é a mais conhecida...", Judith Martins-Costa. *A boa-fé no direito privado*, op. cit., p. 428.

A boa-fé "atua, como cânone hermenêutico, integrativo frente à necessidade de qualificar esses comportamentos, não previstos, mas essenciais à própria salvaguarda da *fattispecie* contratual e à plena produção de efeitos correspondentes ao programa contratual objetivamente posto".[160] Ou seja, a boa-fé objetiva serve não só para o preenchimento de lacunas, mas também para que o juiz possa transpor para o caso concreto a intenção do legislador.[161]

"A interpretação integrativa, segundo a boa-fé, tem lugar quando o aplicador do direito não encontra nem no contrato, nem na lei, previsão da situação concreta que venha, eventualmente, a se verificar no decurso da relação obrigacional. Ou ainda quando se imponha restrição às prerrogativas de uma das partes que, analisada de forma isolada e desvinculada da economia do contrato, poderia autorizar conduta contrária aos lícitos interesses econômico-sociais que se perseguem com o negócio".[162]

A boa-fé, como técnica de hermenêutica, deve ser utilizada com cuidado para que não se extrapole a verdadeira vontade dos contratantes e a finalidade do contrato. Ou seja, o juiz não pode permitir que, através da boa-fé, "o contrato, como regulação objetiva, dotada de um específico sentido, atinja finalidade oposta ou contrária àquela que, razoavelmente, à vista de seu escopo econômico-social, seria lícito esperar".[163]

"A busca do sentido do conjunto contratual não autoriza o juiz a criar obrigações. Ao contrário, apenas e tão-somente haverá o intérprete de especificar o exato alcance das obrigações que surgem do

---
[160] Judith Martins-Costa. *A boa-fé no direito privado*, op. cit., p. 429.
[161] Ibid.
[162] Adriana Mandim, op. cit., p. 41.
[163] Judith Martins-Costa, op cit., p. 432.

contrato, do sinalagma, da sua função social e da boa-fé".[164]

Ou seja, ao magistrado, ante a boa-fé, caberá "tornar concreto o mandamento de respeito à recíproca confiança incumbente às partes contratantes, por forma a não permitir que o contrato atinja finalidade oposta ou divergente daquela para o qual foi criado".[165]

Apesar de não ser tão difundida como a função hermenêutico-integrativa, a função da boa-fé, como fonte de deveres, é de grande relevância. Deve-se destacar que os deveres "referidos sob a rubrica generalista de deveres secundários, laterais, anexos, acessórios ou instrumentais"[166] não devem ser confundidos "com as obrigações principais nem com as que lhe são meramente anexas, ou acessórias".[167]

Os deveres gerados pela boa-fé se destinam a assegurar a satisfação dos interesses dos contratantes e a garantir a função social dos pactos. Eles estão comprometidos com o desenvolvimento adequado do processo obrigacional, representado no contrato.

"Estes deveres já não interessam directamente ao cumprimento da prestação ou dos deveres principais, antes do exacto processamento da relação da relação obrigacional, ou, dizendo de outra maneira, à exacta satisfação dos interesses globais envolvidos na relação obrigacional complexa".[168]

Estes deveres não estão ligados diretamente ao cumprimento da obrigação principal.[169] Eles servem

---

[164] Adriana Mandim, op. cit., p. 41.
[165] Judith Martins-Costa, op. cit., p. 437.
[166] V., entre outros, Clóvis do Couto e Silva, *op. cit.*, p. 35 e 37; Ruy Rosado de Aguiar Júnior, op. cit., p. 25.
[167] Judith Martins-Costa, op. cit., p. 437.
[168] Mário Júlio de Almeida Costa, op cit., p. 59-60.
[169] Judith Martins-Costa, op. cit., p. 440.

como auxiliares para o desenrolar do vínculo obrigacional.[170]

"a) *os deveres de cuidado, previdência e segurança,* como o dever do depositário de não apenas guardar a coisa, mas também de bem acondiciona objeto deixado em depósito; b) *os deveres de aviso e esclarecimento,* com o do advogado, de aconselhar o seu cliente acerca das melhores possibilidades de cada via judicial passível de escolha para a satisfação de seu desideratum, o do consultor financeiro, de avisar a contraparte sobre os riscos que corre, ou o do médico, de esclarecer ao paciente sobre a relação custo/benefício do tratamento escolhido, ou dos efeitos colaterais do medicamento indicado, ou ainda, na fase pré-contratual, o do sujeito que entra em negociações, de avisar o futuro contratante sobre os fatos que podem ter relevo na formação da declaração negocial; c) *os deveres de informação,* de exponencial relevância no âmbito das relações jurídicas de consumo, seja por expressa disposição legal (CDC, arts. 12 *in fine,* 14, 18, 20, 30 e 31, entre outros), seja em atenção ao mandamento da boa-fé objetiva; d) *o dever de prestar contas,* que incumbe aos gestores e mandatários, em sentido amplo; e) *os deveres de colaboração e cooperação,* como o de colaborar para o correto adimplemento da prestação principal, ao qual se liga, pela negativa, o de não dificultar o pagamento, por parte do devedor; f) *os deveres de proteção e cuidado com a pessoa e o patrimônio da contraparte,* como v.g., o dever do proprietário de uma sala de espetáculos ou de um estabelecimento comercial de planejar arquitetonicamente o prédio, a fim de diminuir os riscos de acidentes; g) *os deveres de omissão e de segredo,* como o dever de guardar sigilo sobre os atos ou fatos dos quais se

---

[170] Judith Martins-Costa, op. cit.

teve conhecimento em razão do contrato ou de negociações preliminares, pagamento, por parte do devedor etc.".[171]

A função de criação de deveres, decorrente da boa-fé, pode ocasionar a limitação dos direitos das partes. Deste modo, estar-se-ia tratando da terceira função da boa-fé: a de limitar os direitos dos contratantes.[172]

A aplicação do princípio da boa-fé faz com que as partes devam agir com lealdade e honestidade. Além disso, os contratantes devem pautar suas atitudes em um dever de cooperação mútua.[173] Ou seja, a boa-fé faz com que se privilegiem os valores existenciais frente aos valores patrimoniais.[174] Esta afirmação condiz com as bases da Constituição Federal que, em seu artigo 170,[175] prevê a justiça social e a dignidade da pessoa humana.

No entanto, a tutela das relações jurídicas, tendo como objetivo os direitos da pessoa humana, por vezes, acarretará a limitação da autonomia da vontade.[176] Este fato acontecerá, por exemplo, quando esta volição for contrária ao dever de cooperação dos contratantes.[177]

Se uma das partes agir sem lealdade, honestidade ou, de forma mais ampla, contra a justiça social e a dignidade da pessoa humana, estará aberta a via para a

---

[171] Judith Martins-Costa, op. cit., p. 439.

[172] Adriana Mandim, op. cit., p. 43; Judith Martins-Costa e Gerson Luiz Carlos Branco. *Diretrizes Teóricas do novo Código Civil brasileiro*. São Paulo: Saraiva, 2002, p. 219 a 221.

[173] Fernando Noronha, pág. 165; Judith Martins Costa, op. cit., p. 547; Teresa Negreiros. *Teoria dos Contratos – Novos Paradigmas*, op. cit., p. 152; idem, *Fundamentos para uma interpretação Constitucional do Princípio da Boa-Fé*, op. cit., p. 252 a 254, 256, 260 e 261.

[174] Teresa Negreiros. *Teoria dos Contratos – Novos Paradigmas*, op. cit., p. 153.

[175] *Caput* do artigo 170 da Constituição Federal: "A ordem econômica, fundada na valorização do trabalho humano e na livre iniciativa, tem por fim assegurar a todos existência digna, conforme os ditames da justiça social, observados os seguintes princípios:.."

[176] Teresa Negreiros. *Fundamentos para uma interpretação Constitucional do Princípio da Boa-Fé*, op. cit., p. 256.

[177] Ibid.

intervenção do Estado, através do Poder Legislativo ou do Judiciário, com vistas a adequar esta relação aos princípios e valores constitucionais.[178] Entretanto, estas intervenções devem ocorrer com cautela, sob pena de se gerar instabilidade e estagnação econômica para a sociedade, na medida em que o contrato, instrumento de circulação de riquezas, passaria a ser visto com descrédito.

O Código Civil, em consonância com este entendimento doutrinário, dispõe a função interpretativa da boa-fé no artigo 112; a função de controle dos limites no exercício da autonomia de direitos nos artigos 187 e 421, estabelece a função de integração e criação de deveres no negócio jurídico.[179]

Dos deveres decorrentes da boa-fé, o mais conhecido é o de informação.[180] No entanto, hoje o grande dever que surge da boa-fé é o de cooperação entre os sujeitos da relação jurídica.[181] Isto se deve à busca cada vez mais forte em assegurar o cumprimento da finalidade e da função social do contrato. Além disso, a boa-fé no direito brasileiro representa a tutela da confiança,[182] depositada por um ou mais contratantes, em um pacto e nas pessoas que dele fazem parte.

Decorre do princípio da boa-fé objetiva, aceito pelo nosso ordenamento jurídico, (...) o dever de lealdade

---

[178] Rosa Maria de Campos Aranovich, op. cit., p. 51 e 58.

[179] Artigo 112: Nas declarações de vontade se atenderá mais à intenção nelas consubstanciada do que ao sentido literal da linguagem.
Artigo 187: Também comete ato ilícito o titular de um direito que, ao exercê-lo, excede manifestamente os limites impostos pelo seu fim econômico ou social, pela boa-fé ou pelos bons costumes.
Artigo 421: A liberdade de contratar será exercida em razão e nos limites da função social do contrato.

[180] Judith Martins-Costa, op. cit., p. 428.

[181] Fernando Noronha, op. cit., p. 165; Judith Martins-Costa, op. cit., p. 547; Teresa Negreiros. *Teoria dos Contratos – Novos Paradigmas*, op. cit., p. 152; idem, *Fundamentos para uma interpretação Constitucional do Princípio da Boa-Fé*, op. cit., p. 252 a 254, 256, 260 e 261.

[182] Teresa Negreiros. *Fundamentos para uma Interpretação Constitucional do Princípio da Boa-Fé*, op. cit., p. 239.

durante as tratativas e a conseqüente responsabilidade da parte que, depois de suscitar na outra justa expectativa da celebração de um certo negócio, volta atrás e desiste de consumar a avença.[183]

A aplicação do princípio da boa-fé, no Judiciário, está a cargo dos juízes e, para a jurisprudência, é reservado o papel de "definir o alcance da norma dita aberta do novo diploma civil, como aliás, já vinha fazendo como regra, ainda que não seja mencionado expressamente o princípio da boa-fé nos julgados".[184] Aos demais juristas, como os advogados, cabe a fiscalização do emprego do princípio em questão.

Não obstante desde 1988, através da Constituição Federal, ser possível aproveitar todo o potencial da boa-fé, isto não vinha ocorrendo. Neste sentido, a inserção de forma expressa da boa-fé objetiva no Código Civil contribuirá para uma maior incidência do referido princípio. A união da boa-fé, o princípio da solidariedade e a função social dos contratos servirão ainda para que se alcance o modelo contratual mais adequado para a sociedade moderna.

---

[183] Trecho do acórdão da Apelação Cível nº 591028295, julgada em 06 de junho de 1991 pela 5ª Câmara Cível, Relator Ruy Rosado de Aguiar Júnior, e publicado na Revista de Jurisprudência do TJRGS nº 154, p. 378 a 385.

[184] Sílvio Sálvio Venoza. A boa-fé contratual no novo Código Civil. *Jornal do Comércio*, Porto Alegre, 11 mar. 2003.

4. Função social e contrato

Um sistema codificado e fechado de normas, cuja impermeabilidade impede a existência de valores sociais e princípios, dificilmente será capaz de proporcionar a funcionalização dos institutos jurídicos. No entanto, diante de um Estado preocupado com a efetivação de uma justiça social, não é possível se admitir pactos que não atendam a função social a eles inerente.[185]

Sendo assim, foi inserida no novo Código Civil a tão propagada função social dos contratos. Este ímpeto do legislador em fazer integrar esta função social no diploma legal se deve, em grande parte, a uma exigência da sociedade para que as leis acompanhem o seu desenvolvimento.

O Código Civil de 1916, que teve inspiração no Código francês, tinha como uma de suas grandes marcas o excessivo individualismo jurídico.[186] A busca pelo rompimento deste individualismo se iniciou com a Constituição Federal de 1988, a qual inovou ao prever que a propriedade deveria ser funcionalizada. Até aquele momento, a propriedade era considerada como intocável, bem absoluto, e o seu proprietário possuía todos os direitos sobre a mesma.[187] Com esta mudança na legislação, se o proprietário não cumprir com o determinado na lei, poderá sofrer interferências no seu direito

---

[185] Paulo Nalin, op. cit., p. 218.
[186] Maria Celina Tepedino, op. cit., p. 22.
[187] Rosa Maria Aranovich, op. cit., p. 55; e Maria Celina Tepedino, op. cit., p. 31.

de propriedade.[188] Esta alteração de valores demonstra que o legislador buscou destacar os direitos coletivos e difusos.

Foi com a Constituição Federal de 1988 que se passou a enfatizar princípios que valorizassem o social e a dignidade da pessoa humana. Esta Carta representou também a mudança do Estado Liberal para o Estado Social, sem a qual, dificilmente se poderia abordar o tema da busca de uma função social do contrato. Aliás, função social que tem, dentre outros objetivos, coibir as desigualdades dentro da relação contratual.

Para Fernando Noronha, mesmo antes da Carta Magna atual, já existia uma função social dos contratos.[189] Aliás, segundo o mesmo doutrinador, o próprio direito sempre teve a sua função social.[190] No entanto, entende-se que, no Estado Liberal, o que existia era uma função econômica do contrato, e não uma função social. O contrato servia, primordialmente, de instrumento de realização dos interesses individuais das partes.

Atualmente, os pactos continuam a servir de instrumento para circulação de riquezas, mas já não podem simplesmente atender a interesses meramente individuais; devem estar de acordo com os interesses sociais, da coletividade.[191] Conforme assevera Paulo Nalin, a função existente no período liberal "estava circunscrita à livre atuação das partes".[192] Desta forma, é somente a partir do texto constitucional de 1988 que realmente se pode pensar em função social no sentido que se quer atribuir à mesma no novo Código Civil.

---

[188] Luís Renato Ferreira da Silva, op. cit., p. 135.

[189] Fernando Noronha, op. cit., p. 83 e, no mesmo sentido, Luiz Renato Ferreira da Silva, op. cit., p. 83, 134 e 135.

[190] Fernando Noronha, op. cit., p. 83.

[191] Desta forma, tem-se como incompleto o entendimento de Sílvio Rodrigues sobre a função social do contrato, pois o referido autor considera que esta se restringe a de servir de instrumento para circulação de bens. Sílvio Rodrigues, op. cit., p. 11.

[192] Paulo Nalin, op. cit., p. 232.

Hoje se percebe que a função social da propriedade[193] foi o grande impulso na busca de maior interação entre os direitos sociais e os direitos individuais. No entanto, a preocupação com o interesse social é preexistente à Constituição Federal de 1988. No Estatuto da Terra, por exemplo, o interesse social vinha previsto em seu artigo 17, alínea *a*.[194] Aliás, a função social, em geral, traz intrinsecamente a idéia de supremacia do interesse público sobre o privado e, além disso, do interesse social em detrimento do meramente individual.

Se for analisado o conceito de propriedade de uma forma ampla, pode-se dizer que o mesmo abarcaria também as obrigações e os contratos. Desta forma, o novo Código Civil, ao estabelecer a função social dos contratos, só teria ratificado algo que já existia na Constituição Federal de 1988. O princípio da função social dos pactos seria "mero corolário dos imperativos constitucionais relativos à função social da propriedade e à justiça que deve presidir à ordem econômica".[195] Judith Martins-Costa ainda ressalta que "assim como ocorre com função social da propriedade, a atribuição de uma função social do contrato insere-se no movimento da funcionalização dos direitos subjetivos [...]".[196]

Conforme Paulo Nalin, "funcionalizar, na perspectiva da Carta de 1988, significa oxigenar as bases (estruturas) fundamentais do Direito com elementos externos à sua própria ciência".[197] A busca pela função social dos contratos, em uma perspectiva constitucional, passaria pela ação de bases externas ao direito, como a sociologia

---

[193] Prevista na Constituição Federal de 1988, nos artigos 5°, inciso XXII, 186 e 182, § 2°.

[194] Artigo 17 da Lei n° 4.504, de 30 de novembro de 1964: "O acesso à propriedade rural será promovido mediante a distribuição ou redistribuição de terras, pela execução de qualquer das seguintes medidas:
a) desapropriação por interesse social;"

[195] Judith Martins-Costa e Gerson Luiz Carlos Branco, op. cit., p. 157.

[196] Ibid., p. 158.

[197] Paulo Nalin, op. cit., p. 217.

e a filosofia. Desta maneira, poder-se-ia alcançar uma ordem social mais justa, atendendo de forma mais adequada aos anseios da sociedade. O mesmo doutrinador menciona que "funcionalizar, sobretudo, em nosso contexto, é atribuir ao instituto jurídico uma utilidade ou impor-lhe um papel social [...]".[198]

Nos contratos, para que se chegasse à idéia de função social, foi preciso limitar a autonomia da vontade, através da preponderância do interesse coletivo. Não obstante isto, outro fator importante na busca desta função social é a boa-fé, instrumento necessário para se tornar as relações contratuais mais equilibradas. Sem isto, certamente não se chegaria na função social dos pactos.

Para que um contrato atenda ao seu objetivo primordial, de "servir de instrumento de operações econômicas e veículo de realização da vontade humana na construção da sociedade",[199] é necessária a sua funcionalização. Exemplo revelador da ausência da perspectiva funcionalizante colhe-se dos contratos de crédito, no sistema financeiro nacional.[200] Nos contratos bancários, via de regra, a vontade dos bancos é imposta sobre o outro contratante, ferindo assim uma das bases da função social do contrato: o equilíbrio contratual.[201]

Em um período onde se fala de justiça contratual,[202] através da constitucionalização dos contratos e da busca de sua função social, até mesmo as obrigações de devedores e credores sofreram alterações. Até então, o credor era o todo-poderoso e para quem tudo era possível.[203] No entanto, atualmente, credor e devedor praticamente

---

[198] Paulo Nalin, op. cit., p. 217.
[199] Adriana Mandim, op. cit., p. 35.
[200] Sérgio Carlos Covello. *Contratos Bancários*. 2.ed. São Paulo: Saraiva, 1991, p. 44 e 45.
[201] Ibid., p. 45 e 46.
[202] Paulo Nalin, op. cit., p. 144 e 190; Adriana Mandim, op. cit., p. 37; Fernando Noronha, op. cit., p. 210 a 215; e Paulo Luiz Neto Lobo. *Contrato e Mudança Social*, op. cit., p. 44.
[203] Paulo Nalin, op. cit., p. 190.

se equivalem em termos de obrigações.[204] O devedor passou a ter direito ao exato adimplemento de sua obrigação, que se constitui não só em uma liberação do seu débito como também tem relação com um interesse de ordem moral em cumprir a avença.[205]

Diante deste cenário, o credor passa a ter um dever de cooperação para com o devedor. Esta mudança, em grande parte, deve-se ao fato da maior aplicação do princípio da boa-fé nas relações comerciais. Os contratos não devem mais ser vistos como uma simples relação de débito e crédito. Devem ser analisados como sendo um negócio onde deve existir múltipla cooperação entre os sujeitos.[206] "Nesta idéia de cooperação entre os contratantes, mas também em relação a terceiros, é que se concretiza, no direito contratual, a idéia solidarista insculpida no inciso I do artigo 3º da Constituição Federal".[207]

Desta forma, os princípios da solidariedade, juntamente com o da boa-fé, deverão atuar conjuntamente para que se alcance a função social do contrato. "São amplas e, logo, imprecisas as bases conceituais da função social do contrato, ora amarradas à cláusula geral de solidariedade, ora à quebra do individualismo, tendo em vista a igualdade substancial, ora à tutela da confiança dos interesses envolvidos e do equilíbrio das parcelas do contrato".[208] Isto se deve ao fato de que a matéria em tela é recente, ao menos no Brasil, onde o desenvolvimento do tema foi impulsionado "[...] recentemente pela Carta de 1988, com a expressa funcionalização da propriedade".[209]

---

[204] Paulo Nalin, op. cit., p. 98.
[205] Ibid., p. 194 a 198.
[206] Luis Renato Ferreira da Silva, op. cit., p. 132 e 133; e Teresa Negreiros. *Fundamentos para uma interpretação Constitucional do Princípio da Boa-Fé*, op. cit., p. 256.
[207] Luis Renato Ferreira da Silva, op. cit., p. 133.
[208] Paulo Nalin, op. cit., p. 223.
[209] Ibid., p. 223.

Sob o manto da Constituição Federal de 1988, o contrato que possua unicamente fim econômico estaria frustrando as premissas da justiça social inserida na mesma, mais precisamente no art. 170, *caput*. Desta forma, estes pactos que não atendem aos comandos constitucionais elaborados por um Estado preocupado com o social não seriam admitidos como legais, podendo, inclusive, sofrer interferências.

A inserção da função social dos contratos no Código Civil, segundo Paulo Nalin,[210] era imprescindível para o seu reconhecimento pelo Poder Judiciário. A idéia de que todos os valores aplicáveis ao caso concreto devem estar positivados, permeada nas cortes e nos tribunais deste país, acabava por tornar a situação ainda mais difícil, pois, até então, não havia previsão legal expressa da função social dos pactos.

"Assim, como demonstração da importância dessas considerações, destaca-se o apego demonstrado pelo STJ, grande tribunal das lides interprivadas, ao aspecto temporal das leis infraconstitucionais, negando eficácia àqueles novos princípios gerais do direito contratual, em defesa do consumidor, quando, por exemplo, pacificadamente, decidia pela inaplicabilidade do Código de Defesa do Consumidor nas relações contratuais imobiliárias (compromisso de compra e venda imobiliária), sustentando a validade de cláusula contratual que impunha ao promitente comprador a perda integral, ou percentual significativo, dos valores pagos, no caso de desistência do negócio".[211]

Ainda conforme o mesmo autor, era "assim que decidia o STJ no ínterim entre a CR e o início de vigência do CDC".[212] Entretanto, o certo é que desde a vigência

---

[210] Paulo Nalin, op. cit., p. 231.
[211] Ibid., p. 231.
[212] Ibid., p. 231/232.

da atual Carta Magna, os julgadores já tinham condições de proceder à adequada defesa do consumidor. Até porque "o CDC é mera ordinarização da tutela constitucional ao consumidor (art. 170, inc. V, da Carta)".[213]

De toda a forma, o certo é que agora o Código Civil prevê expressamente, em seu artigo 421, a função social do contrato. Além disso, do mesmo dispositivo legal, extrai-se que a liberdade de contratar está adstrita ao cumprimento desta função. Por certo que a autonomia contratual persiste, não sendo eliminada, mas sim, reenquadrada no novo sistema legal. Neste sentido, o enunciado 23 do CEJ,[214] ao dispor que "a função social do contrato prevista no art. 421 do novo Código Civil não elimina o princípio da autonomia contratual, mas atenua ou reduz o alcance desse princípio, quando presentes interesses meta-individuais ou interesse individual relativo à dignidade da pessoa humana".

Filiando-se ao entendimento de Judith Martins-Costa[215] e Paulo Nalin,[216] tem-se que o não-cumprimento da função social dos contratos autoriza o juiz a determinar a nulidade virtual das cláusulas contratuais ou, ainda, do próprio contrato. A nulidade seria mais adequada do que a anulabilidade para os contratos que não atendam a sua função social, pois visa à tutela de valores sociais, ao passo que a segunda busca a salvaguarda dos interesses individuais dos contratantes. Sendo assim, se a não-funcionalização dos pactos representa uma afronta a valores como o da dignidade da pessoa humana, da justiça social e da solidariedade, entre outros, sempre que esta ofensa ocorrer deverá ser declarada a nulidade do contrato. "Mostra-se indiscutível a importância do

---

[213] Paulo Nalin, op. cit., p. 232.

[214] Enunciados aprovados na Jornada de Direito Civil promovida pelo Centro de Estudos Judiciários do Conselho de Justiça Federal, de 11 a 13/09/2002.

[215] Judith Martins-Costa e Gerson Luiz Carlos Branco, op. cit., p. 159.

[216] Paulo Nalin, op. cit., p. 236.

julgador, na construção desta nova proposição contratual, sobretudo valorizando a solidariedade constitucional e preenchendo a cláusula geral da boa-fé",[217] pois é desta maneira que se poderá concretizar a função social dos contratos. Além disso, o Poder Judiciário deverá ter em mente que o contrato na atualidade é uma relação jurídica complexa e solidária.[218]

A função social dos contratos deverá ser aplicada pela conjunção dos valores do Código Civil e da Constituição Federal. No Código Civil, além do artigo 421, o artigo 2.035 será importante na busca pela efetivação do princípio antes mencionado, que refere:

> "Art. 2.035. A validade dos negócios e demais atos jurídicos, constituídos antes da entrada em vigor deste Código, obedece ao disposto nas leis anteriores, referidas no art. 2.045, mas os seus efeitos, produzidos após a vigência deste Código, aos preceitos dele se subordinam, salvo, se houver sido prevista pelas partes determinada forma de execução.
> Parágrafo único. Nenhuma convenção prevalecerá se contrariar preceitos de ordem pública, tais como os estabelecidos por este Código para assegurar a função social da propriedade e dos contratos."

Se contrariados os preceitos de ordem pública estabelecidos no Código Civil e também na Constituição Federal, deve-se nulificar as cláusulas ou contratos inteiros que os afrontem. Esta declaração de nulidade tem por objetivo maior o de assegurar a função social do contrato e da propriedade.

Se um contrato for realizado sem que atente para a sua função social, deve-se buscar na Constituição Federal e no novo Código Civil subsídios para impor a nulidade das cláusulas que impedem que tal pacto

---

[217] Paulo Nalin, op. cit., p. 256.

[218] Ibid., p. 255 a 257; Luis Renato Ferreira da Silva, op. cit., p. 130 a 133; e Jorge Cesa Ferreira da Silva. *O Novo Código Civil e a Constituição*, op. cit., p. 119.

cumpra a sua função.[219] Não sendo possível, por afetar demasiadamente a estrutura do contrato, o mesmo deverá ser declarado nulo.[220] Deve-se, entretanto, ter cautela na apreciação dos casos concretos à luz da função social, pois a aplicação indiscriminada poderia resultar num hiperbólico enfraquecimento dos interesses individuais dos contratantes.[221] Ou seja, o que deve ocorrer é a conciliação entre os interesses da sociedade e dos indivíduos isoladamente.

> "Mas não poderá o aplicador do direito arvorar-se de realizador de políticas sociais tendentes a realizar a redistribuição de riquezas e a política social que entender mais justa. A autonomia da vontade é garantia que só cede em face do interesse público e nos termos da lei. Só a deformidade, o absurdo e o teratológico exercício do direito de contratar, que atente contra a regularidade das relações privadas e leve a aviltar os próprios fundamentos, as garantias e os valores sociais que sustentam e protegem a liberdade; em que serão passíveis de invalidação por intervenção do juiz".[222]

De toda a forma, conforme Paulo Nalin já mencionava, ainda quando o Código Civil era projeto, "é notório mostrar-se dispensável o Projeto, para que o contrato seja *sempre* interpretado de modo socialmente funcionalizado, não só em alguns segmentos contratuais privados, mas ainda, naqueles que tratam da produção e do consumo, por meio do sistema solidarístico introduzido pela Carta de 1988".[223] A importância de a função social dos contratos estar introduzida no Código Civil

---

[219] Paulo Nalin, op. cit., p. 236 a 238.
[220] Ibid., p. 236 a 238.
[221] Adriana Mandim, op. cit., p. 38.
[222] Ibid., p, 38.
[223] Paulo Nalin, op. cit., p. 233.

atual é muito mais de efeito cultural do que instrumental.

O contrato moderno deverá manter como grande objetivo a circulação de riquezas. Entretanto, estas trocas econômicas deverão ser justas e úteis. Além disso, os pactos devem atender aos ditames da justiça social, boa-fé, equilíbrio entres as partes e deveres de cooperação. As relações contratuais que estiverem de acordo com estes preceitos estarão cumprindo com a sua função social.

Conclusão

O modelo de contrato no Estado Liberal tinha a autonomia de vontade como um dos seus pilares. Além disso, existia o fetiche de que o ordenamento jurídico centrado em um Código, pode ser uno e preciso. A codificação era vista como o modo mais adequado de proporcionar segurança jurídica nas relações interpessoais.

Ao Estado, cabia propiciar condições para que as relações econômicas se realizassem. A interferência do ente público só deveria ocorrer quando fossem infringidos os bons costumes e a ordem pública.

Na teoria tradicional dos contratos, vigorava quase que absoluto o princípio do *pacta sunt servanda*. O que fosse disposto nos pactos fazia lei entre as partes.

As mudanças de cunho social, aliadas à transição do Estado Liberal para o Estado Social, fizeram com que a tutela do interesse social adquirisse maior relevância do que a do interesse individual. O Estado passa a intervir nas relações de Direito Privado, de forma a proteger valores como o da dignidade da pessoa, boa-fé, justiça social e solidariedade. No Estado Social, os valores constitucionais iniciam um processo de interação com o Direito Civil.

A evolução das relações contratuais e a velocidade com que as riquezas são transferidas fizeram com que surgissem os contratos massificados. Neste modelo contratual, tornou-se comum o fato de haver clara desproporção de forças entre os contratantes. Sendo assim, a tutela dos pactos não mais poderia partir da utopia da existência de igualdade entre as partes.

De forma a restabelecer o equilíbrio contratual, era necessário que os dispositivos do Código Civil fossem interpretados de acordo com os princípios e valores constitucionais. Não obstante, é através de uma leitura do Código Civil à luz da Constituição que se torna possível adequar a lei ao fato social.

Da doutrina clássica do Direito Civil, colhe-se que o objetivo principal dos contratos é a circulação de riquezas. Por maiores que sejam as alterações sofridas pelo instituto jurídico dos pactos, seu propósito central não deverá modificar-se.

O contrato pós-moderno continuará servindo de veículo para os fins econômicos da sociedade. No entanto, estas trocas econômicas deverão atentar aos critérios de justiça e igualdade.

O Estado Social, com o intuito de concretizar o preceito da justiça contratual, deverá fazer com que os pactos sejam funcionalizados. Função social que só será alcançada através da boa-fé, do equilíbrio entre as partes e do respeito aos deveres de cooperação. O contrato que assim for realizado estará em perfeita sintonia com a sociedade moderna.

Referências bibliográficas

AGUIAR JÚNIOR, Ruy Rosado de. A boa-fé na relação de consumo. *Revista Direito do Consumidor*, São Paulo, n. 14, p. 20-27, abr.-jun. 1985.

ARANOVICH, Rosa Maria de Campos. Incidência da Constituição no Direito Privado. *Revista da Procuradoria-Geral do Estado*, Porto Alegre, 1994.

ARONNE, Ricardo. *Propriedade e Domínio* - Reexame Sistemático das Noções Nucleares de Direitos Reais. Rio de Janeiro: Renovar, 1999.

——. *Por uma nova hermenêutica dos direitos reais limitados*. Rio de Janeiro: Renovar, 2001.

AZEVEDO, Antônio Junqueira de. O Direito Civil tende a desaparecer? *Revista dos Tribunais*, São Paulo, n. 472, p-15-21, 1975.

——. A Boa-Fé na Formação dos Contratos, *Revista da Faculdade de Direito da USP*, São Paulo, v. 87, p. 79-90, 1992.

——. Insuficiências, deficiências e desatualização do projeto de Código Civil na questão da boa-fé objetiva nos contratos. *RTCD - Revista Trimestral de Direito Civil*, Rio de Janeiro, v. 1, p. 3-11, jan.-mar. 2000.

BASTOS, Elísio. Interpretação constitucional – a quem cabe a tarefa de concretizá-lo? *Revista do Direito Constitucional e Internacional*, São Paulo, n. 41, p. 241-255, out.-dez. 2002.

BESSONE, Darcy. *Do contrato – teoria geral*. 3.ed. Rio de Janeiro: Forense, 1987.

BOBBIO, Norberto. *A era dos direitos*. 9.ed. Rio de Janeiro: Campus, 1992.

——. *Teoria do ordenamento jurídico*. 10.ed. Brasília: UnB, 1997.

COSTA, Mário Júlio de Almeida. *Direito das Obrigações*. 5.ed. Coimbra: Almedina,, 1991.

COVELLO, Sérgio Carlos. *Contratos Bancários*. 2.ed. São Paulo: Saraiva,1991.

DEL NERO, João Alberto Schutzer. Do "estado liberal" ao "estado social"- o caso do direito privado? *Revista de Direito Constitucional e Internacional*, São Paulo, n. 41, p. 97-115, out.-dez. 2002.

DELGADO, Mário. *O novo Código Civil e uma nova teoria geral das obrigações*. Disponível em: http://www.intelligentiajuridica.com.br. Acesso em 2003.

DINIZ, Maria Helena. *Comentários ao Código Civil*. São Paulo: Saraiva, 2003. v. 22.

———. *Curso de Direito Civil Brasileiro*. 18 ed. São Paulo: Saraiva. 2003. v. 3.

FACHIN, Luiz Edson. Dos atos não negociais à superação do trânsito jurídico tradicional a partir de Pontes de Miranda. *RTCD - Revista Trimestral de Direito Civil*, Rio de Janeiro, v. 1, p. 59-67, jan.-mar. 2000.

———. *Estatuto jurídico do patrimônio mínimo*. Rio de Janeiro: Renovar, 2001.

FINGER, Júlio César. Constituição e direito privado: algumas notas sobre a chamada constitucionalização do direito civil. In: SARLET, Ingo Wolfgang (org.). *A Constituição Concretizada* – Construindo pontes com o público e o privado. Porto Alegre: Livraria do Advogado, 2000, p. 85-106.

GOMES, Orlando. *Transformações gerais do direito das obrigações*. São Paulo: RT, 1967.

———. *Contratos*. 21.ed. Rio de Janeiro: Forense, 2000.

GONDINHO, André Osório. Codificação e cláusulas gerais. *RTCD – Revista Trimestral de Direito Civil*, Rio de Janeiro, v. 2, p. 3-25, abr.-jun. 2000.

HESSE, Konrad. *A força normativa da Constituição*. Porto Alegre: Fabris, 1991.

KRAEMER, Eduardo. Algumas anotações sobre os direitos reais no novo Código Civil. SARLET, Ingo Wolfgang (org.). *O novo Código Civil e a Constituição*. Porto Alegre: Livraria do Advogado, 2003, p. 127-150.

LOBO, Paulo Luiz Neto. *Do contrato no estado social* – crise e transformação. Maceió: Ed. Edufal, 1983.

———. Contrato e mudança social. *Revista dos Tribunais*, São Paulo, n. 722, p. 40-45, dez. 1995.

MANOEL, Júlio Gonçalves Salvador. A Boa-fé nas Obrigações – Natureza e Definição. *Revista dos Tribunais*, São Paulo, ano 85, p. 13-14.

MARTINS-COSTA, Judith. *A boa-fé no direito privado*. São Paulo: RT, 2000.

———; BRANCO, Gerson Luiz Carlos. *Diretizes Teóricas do novo Código Civil brasileiro*. São Paulo: Saraiva, 2002.

MELLO, Adriana Mandim Theodoro de. A função social do contrato e o princípio da boa-fé no novo Código Civil brasileiro. *Revista Jurídica*, Porto Alegre, n. 294, p. 32-47, abr. 2002.

MUNHOZ, Dercio Garcia. Ordem Econômica e Justiça Social. In: Conferência Nacional da OAB. *Anais*.

NALIN, Paulo. *Do Contrato*: Conceito Pós-Moderno (Em Busca de Sua Formulação na Perspectiva Civil-Constitucional). *Pensamento Jurídico*. Curitiba: Juruá, 2001. v. 2.

NEGREIROS, Teresa. *Fundamentos para uma interpretação constitucional do princípio da boa-fé*. Rio de Janeiro: Renovar, 1998.

――――. *Teoria do Contrato* – Novos Paradigmas. Rio de Janeiro: Renovar, 2002.

NORONHA, Fernando. Os direitos dos contratos e seus princípios fundamentais. São Paulo: Saraiva, 1994.

PERLINGIERI, Pietro. *Perfis do Direito Civil* – Introdução ao Direito Civil Constitucional. 2.ed. Rio de Janeiro: Renovar, 2002.

ROCHA, António Manuel da e CORDEIRO, Menezes. *A boa fé no direito civil*. (2ª reimpressão). Coimbra: Almedina, 2001.

RODRIGUES, Silvio. *Direito Civil* – dos contratos e das declarações unilaterais da vontade. 28.ed. São Paulo: Saraiva, 2002. V. 3.

ROPPO, Enzo. *O contrato*. Coimbra: Almedina, 1988.

SARLET, Ingo Wolfgang. Direitos Fundamentais e Direito Privado: algumas considerações em torno da vinculação dos particulares aos direitos fundamentais. ―――― (org.). *A Constituição Concretizada* – Construindo pontes com o público e o privado. Porto Alegre: Livraria do Advogado, 2000, p. 107-163.

SILVA, Clovis Veríssimo do Couto e. *A obrigação como processo*. São Paulo: José Bushatsky, 1976.

SILVA, Jorge Cesa Ferreira da. *A boa-fé e a violação positiva do contrato*. Rio de Janeiro: Renovar, 2002.

――――. Princípios de direito das obrigações no novo Código Civil. SARLET, Ingo Wolfgang (org.). *O novo Código Civil e a Constituição*. Porto Alegre: Livraria do Advogado, 2003, p. 99-126.

SILVA, Luis Renato Ferreira. A função social do contrato no novo Código Civil e sua conexão com a solidariedade social. SARLET, Ingo Wolfgang (org.). *O novo Código Civil e a Constituição*. Porto Alegre: Livraria do Advogado, 2003, p. 127-150.

TEPEDINO, Gustavo. Premissas Metodológicas para a Constitucionalização do Direito Civil. In: ――――. *Temas de Direito Civil*. 2.ed. Rio de Janeiro: Renovar, 2001, p. 1-22.

TEPEDINO, Maria Celina B. M. A caminho de um direito civil constitucional. *Revista Estado, Direito e Sociedade*, Departamento de Ciências Jurídicas da PUC/RJ, Rio de Janeiro, v. 1, 1991.

THEODORO JÚNIOR, Humberto. *O contrato e seus princípios*. Rio de Janeiro: Aide,1993.

VENOZA, Sílvio de Salvo. A boa-fé contratual no novo Código Civil. *Jornal do Comércio*, Porto Alegre, 11 mar. 2003.